intime conviction

L'Affaire Rambla ou le Fantôme de Ranucci, Agnès Grossmann, 2021

L'Affaire Roukia ou les Ombres de Mayotte, Nicolas Goinard, 2022

L'Affaire Élodie Kulik ou le Combat d'un père, Catherine Siguret, avec la participation de Jacky Kulik, 2022

L'Affaire Cécillon. Chantal, récit d'un féminicide, Ludovic Ninet, 2023

L'AFFAIRE CÉCILLON
CHANTAL,
RÉCIT D'UN FÉMINICIDE

DU MÊME AUTEUR

Rugby, une passion, Éditions La Martinière (ouvrage collectif), 2010
Petit éloge du rugby, Éditions Les Pérégrines, 2019
La Fille du van, Serge Safran Éditeur 2017, BOD 2022

Sous le pseudonyme Ludo Sterman

Dernier shoot pour l'enfer, Fayard Noir, 2012
Bombe X, Fayard Noir, 2013

Ludovic Ninet

L'AFFAIRE CÉCILLON
CHANTAL,
RÉCIT D'UN FÉMINICIDE

intime conviction

Les Presses de la Cité

92, avenue de France – 75013 Paris
ISBN 978-2-258-20549-9
Dépôt légal : avril 2023

Face à face

Comme dans de nombreux cimetières, la porte de celui-ci grince. C'est une petite grille, noire et rouillée par endroits, à hauteur de buste, surmontée d'une croix. Le hameau de la Rivoire dans le dos, on marche sur des cailloux clairs, les tombes sont là, sur la droite pour la plupart, certaines fleuries, d'autres, plus nombreuses, grisées par les années et les intempéries. Le terrain est en légère pente, les rangées de sépultures se succèdent. On est en mai. Un ciel blanchi par les nuées de chaleur qui tamisent à peine les rayons du soleil assomme la plaine et les collines verdoyantes. Au loin apparaissent les contreforts alpins, derrière lesquels des sommets enneigés se laissent deviner. Je me mets à chercher. Je parcours les allées, saisi par une forme de trac. Un vent léger m'accompagne, qui semble ralentir le temps, à peine chahuté par quelques chants d'oiseaux perchés dans les arbres fruitiers du jardin voisin et le crissement des graviers sous mes pas.

Quatrième rangée, Chantal est là. Juste Chantal. On se repère au nom de son père, décédé un an avant elle, à côté duquel elle repose. C'est étrange un prénom seul sur une pierre tombale. Il vous explose à la figure. Et l'absence de nom suscite une question, et cette question – pourquoi ce seul prénom ? –, déjà, amorce un récit. Je suis touché. Je ne m'y attendais pas. Aurais-je ressenti la même émotion si je n'avais pas connu, en partie, l'histoire de Chantal ? Je fixe ce prénom, ces dates – 1960-2004 – et je suis triste, un peu glacé malgré le soleil de plomb. Cela fait des mois qu'à ma manière je suis en lien avec elle, à distance – de temps et de terre – et nous voilà, pour ainsi dire, face à face. Ce qui n'était que papier, coupures de journaux, extraits vidéo, témoignages, une histoire partiellement reconstituée dans ma tête, devient réalité. J'ai l'impression stupide que si je bouge, si je respire trop fort, je vais la déranger. Je reste sage. Je pense au drame, au sens de la vie, de cette vie en particulier, celle de Chantal, dont aucune photo n'habille la sépulture. Le vent murmure. Le soleil cogne. C'est désormais une certitude, je n'écrirai aucune fiction comme je l'avais imaginé à l'origine, même très fortement inspirée de la réalité.

Le souffle tiède de la brise me remet en marche, vers le bas du cimetière. De son promontoire rocheux, il surplombe Vénérieu. Je m'accoude aux pierres chaudes du petit muret de l'autre côté duquel de hautes herbes ondulent. Légèrement sur la gauche, à une dizaine de kilomètres, plein est, on aperçoit Saint-Chef. On distingue même le lieu-dit le Sablon, si on cherche bien, entre les champs et les bois, le long de la D19. Tout droit, c'est Saint-Savin. Plus loin vers le sud, sur la droite, dans les brumes de chaleur, Bourgoin-Jallieu. Chantal, me dis-je, peut contempler toute sa vie, et même sa mort, de là où elle repose.

Je remonte devant sa tombe. Je ne sais comment je vais m'y prendre pour raconter son histoire. Le projet est écrasant. Je fais grincer la grille, remonte l'impasse, tourne à gauche puis à droite pour retrouver ma voiture, garée en face de l'église. La petite église romane avec son haut clocher, toute en pierres de taille d'un jaune pastel éblouissant sous le soleil, où Chantal, bébé, a été baptisée, où, enfant, elle a fait sa première communion, où, à vingt ans, elle s'est mariée, l'église où, le 12 août 2004, furent célébrées ses obsèques. Il manquait un homme ce jour-là. Son mari. Le père de ses deux filles. L'homme qui lui avait donné un nom et lui a pris la vie. Marc. Marc, dont il faut citer le nom, Cécillon, déité rugbystique locale ayant doré la renommée de Bourgoin-Jallieu bien plus que toutes les autres célébrités du pays, Frédéric Dard, Guy Savoy et Brahim Asloum, entre autres, réunis.

Le jour de l'enterrement de son épouse, Marc Cécillon était sous les verrous, à la prison Saint-Joseph de Lyon, pour l'avoir abattue, une semaine plus tôt, de quatre balles de 357 Magnum tirées à bout portant, parce qu'elle ne l'aimait plus.

Chercher réparation

Je démarre la voiture pour redescendre vers Vénérieu et je me demande ce que je fais là, quatorze années après la tragédie, à cinq cents kilomètres de chez moi, là dans un projet qui, à n'en pas douter, va m'attirer des ennuis, à fouiller des coupures de presse, courir après les interviews, interroger un récit déjà conclu, à prendre fait et cause, je le sens, pour une femme que je n'ai pas connue. L'histoire est close, et depuis longtemps. Chantal a été enterrée. Marc Cécillon a été jugé, emprisonné puis libéré. Quelque chose pousse, sans doute ce que l'on nomme l'intuition. À ce stade, je suis incapable de nommer ce qui me meut – la question me sera posée tout au long de mon processus d'écriture et même après. Je suis une émotion. Je conduis de nuit, comme le dit si bien Alexandria Marzano-Lesnevich, l'auteure de

L'Empreinte[1]. Je ne vois pas plus loin que ce que mes phares éclairent mais je peux accomplir tout le trajet ainsi, mû par mon émotion, transformé par des découvertes qui, au long du chemin, vont me rendre capable, justement, d'écrire ce livre. On me dit que c'est insuffisant. Alors je fouille. Et voici, déjà, ce que je peux poser. Un lien me relie à ce drame. Par le rugby, par le journalisme, par l'idée aussi, survenue un jour, et bien que vite abandonnée, de tirer de ce fait tout sauf divers un roman policier. Quelque chose, dans ce drame et dans la façon dont il a été rapporté, touche à l'oubli, au non-dit, à l'injustice, plus profondément à la vérité et à la manipulation. Autre chose, ici, me confronte à une certaine expression de la masculinité et cela, plus que je ne le crois, me chahute. Et c'est vraisemblablement tout ceci assemblé qui me percute inconsciemment quand, à l'automne 2017, un manuscrit (mal) bouclé, cherchant de nouvelles idées, je rouvre l'enveloppe kraft contenant les articles compilés cinq ans plus tôt pour mon projet de polar, et me mets à lire, lire et relire avec avidité tout ce que je possède et peux trouver de nouveau sur ce crime,

1. *L'Empreinte*, Alexandria Marzano-Lesnevich, Sonatine, 2019.

à chercher, visionner, questionner qui veut bien me répondre, pour nourrir un nouveau texte. J'accepte, dirait-on, de m'être trompé. De voir à l'inverse de ce que je voyais jusque-là, non plus centré sur le meurtrier mais regard et empathie enfin tournés vers la victime. Au pied de la tombe de Chantal me sont revenues des paroles de Céline, la fille cadette du couple Cécillon, prononcées lors du second procès de son père, à Nîmes, en 2008, et reprises dans les journaux de l'époque. « Elle, témoigna-t-elle à propos de sa mère, a toujours tout fait pour que ça se passe bien. Elle n'a rien demandé pour finir comme ça. » Aux deux procès, Céline avait tenu une position dure et radicale à l'égard de son père, affirmant être là « pour la défendre, elle » – comme si, trouvait-elle, on le défendait lui surtout. À l'époque, je n'avais rien saisi.

Je repense à mon rapport à cet homme, que je ne connais pas personnellement, à ce qui fut dit et l'est encore, de nos jours, à propos de ses coups de revolver. Qu'ai-je pensé de ce meurtre ? Ai-je seulement eu un avis propre ? Au moment des faits et des procès, certainement pas. J'avais vingt-huit ans le 7 août 2004, quand, sous l'empire de l'alcool, Marc Cécillon a vidé son barillet sur Chantal. J'étais en vacances, du côté de Hyères, dans le Var, ou sur la côte vendéenne, je ne sais plus. J'ai peu de souvenirs de la façon dont j'ai reçu cette information et de ce que j'en ai fait. Une certaine sidération m'a saisi, peut-être, très passagère, vite remplacée par une forme de fatalité, comme si, quelque part, ce n'était pas une surprise venant de cet homme-là, dont on disait à demi-mot l'alcoolisme et la brutalité, dans les couloirs de *L'Équipe* notamment, où je travaillais depuis trois ans. Cécillon, je savais ce qu'il représentait pour la ville de Bourgoin-Jallieu et tout le Dauphiné. Je l'avais vu jouer au rugby, en vrai et à la télévision. Dans les années 1990, il avait fait partie de l'équipe de France que je vénérais, dont certains joueurs étaient, pour moi, des demi-dieux, mais pas lui. Cécillon, j'en avais aussi entendu parler par un lointain parent chirurgien à Bourgoin, qui racontait sur son compte des choses, comme on dit, pas jolies-jolies. Puis, quand j'ai commencé à *L'Équipe*, les anciens, sur Cécillon, racontaient eux aussi des histoires, rarement glorieuses, et toutes ces histoires finissaient par former une légende. Mais Cécillon ne jouait plus. Cécillon sombrait dans l'alcool, c'était notoire, et, tout compte fait, on s'en fichait. Je n'ai jamais eu à l'interviewer.

En août 2004, quand je suis revenu au journal, c'était les jeux Olympiques d'Athènes, l'action et les exploits de la nageuse Laure Manaudou ont repris le dessus. En 2006 et 2008 ont eu lieu les procès, auxquels je n'ai pas assisté. En 2006, j'étais le nez collé aux All Blacks néo-zélandais, pour l'hebdomadaire *Rugby Hebdo*. En 2008, j'avais pris des distances avec le journalisme rugby. J'ai donc suivi, passif et de loin, ce qui se disait, les témoignages, les explications données. Il était question de Cécillon, de ses démons, tus jusque-là et soudain exposés au grand jour, il fallait trouver des raisons pour justifier ses coups de feu, il y en avait forcément, on ne pouvait avoir été capitaine du quinze de France, être un emblème régional et devenir meurtrier du jour au lendemain sans motif – exogène – valable. J'ai écouté, donc, la narration faite de la tragédie, je l'ai intégrée. J'ai eu de l'empathie pour Marc Cécillon. Une empathie sincère pour les dégâts causés par l'alcool, pour le mal-être intérieur puissant et inconscient qu'il trimbalait sous son énorme carcasse et qui devait le ronger au point de se saouler *à mort* tous les week-ends et puis, à partir d'une certaine époque, tous les jours de la semaine aussi. J'ai eu de l'empathie pour sa part blessée, pour l'enfant intérieur probablement écrabouillé, pour le brave type qu'il est, à n'en pas douter, en de nombreuses circonstances, et qui ne comprendra peut-être jamais son geste. J'ai eu de l'empathie pour le grand enfant, gamin paumé, attachant, qu'on a pu me rapporter, le bon mec, dépassé, heureux de se faire payer des verres parce qu'il n'a plus que cette reconnaissance-là pour nourrir son amour-propre – à combien de vedettes, tous milieux confondus, est-ce arrivé ? Et puis mon empathie et ma compassion se sont pris, en quelque sorte, quatre balles dans la peau. J'ai ouvert les yeux.

Il semble qu'ici je cherche réparation. En moi, pour commencer – comme pour racheter mon ignorance et ma passivité de l'époque. Plus largement peut-être est-ce, en toute humilité, une forme d'amende honorable que j'exprime par ce texte, au nom de mon genre, le sexe masculin, si blessé et incapable de l'admettre qu'il détruit ce qui, croit-il, le menace. Je porte en moi, comme n'importe quel être humain, les souffrances endurées par les femmes au fil des siècles et les châtiments infligés par leurs bourreaux et il est temps, l'époque le réclame, que la persécution cesse. Temps de poser un autre regard sur des faits odieux pour décrypter la responsabilité collective, l'endosser puis la purger. Le sexisme et la misogynie gangrènent l'histoire de Chantal. J'aimerais, aussi naïf cela puisse-t-il paraître, que les mâles ne fassent plus jamais ce qu'a fait Marc Cécillon et ce que font tant d'autres.

Après ma première visite à Vénérieu, il m'a fallu huit mois pour écrire à Céline, l'une des filles de Chantal et Marc. C'est la plus fragile des deux sœurs, m'avait-on prévenu, et, sottement, je l'avais cru. Céline m'a téléphoné peu de temps après avoir reçu ma lettre, rompant le silence qui étouffait mon projet. Le fil que j'avais tiré jusque-là a pris une autre épaisseur. Ce que je flairais de manière encore diffuse, ce qui m'avait été confié à mots couverts, en de rares occasions et de manière le plus souvent anonyme, a pris corps. Et c'est ainsi que ce livre a commencé à se former, le témoignage de Céline en appelant deux autres, celui de Marinette, la mère de Chantal, puis celui d'Huguette, son amie depuis le collège. Leurs paroles ont empli un espace où, insidieusement, le silence avait été imposé. Leurs paroles ont nourri ce texte qui vient amender le récit tronqué, devenu la principale version de la mort de Chantal.

Ce livre apporte, à travers mon interprétation des faits ainsi qu'au fil des témoignages de ces femmes, jusque-là trop peu écoutées, les moyens de se faire une idée, disons, plus juste de l'histoire d'une famille et des racines d'un crime misogyne, qui a laissé ahuris tout un monde, celui du rugby (et des médias qui le couvrent) dans lequel je m'inclus, et une région entière – tout en redonnant, je l'espère, un peu de la vie et de la lumière qui animaient Chantal.

Ton père, il a tué ta mère

Céline n'a tout d'abord pas lu ma lettre. Son mari l'a fait et lui a suggéré de la lire à son tour. Elle m'a téléphoné une semaine plus tard et nous nous sommes vus rapidement. Elle, son mari et leur fils m'ont reçu dans la maison familiale, au Sablon, celle dans laquelle Marc, Chantal, Angélique, l'aînée, et Céline avaient vécu tous les quatre, celle où Marc Cécillon planquait son calibre et ses autres armes à feu, celle où, le soir de la nuit tragique, il est venu chercher son revolver, a tiré au plafond avant de repartir tuer Chantal. Céline a obtenu la maison lors du partage effectué dans le cadre de la succession de Chantal entre son père, sa sœur et elle, en 2014. Elle aime cette maison, m'explique-t-elle, et ne voulait pas qu'une autre famille y habite. L'intérieur a été entièrement refait, y compris le bar, dans une partie annexe de l'ancienne ferme, qu'elle me montre. Autour du zinc et de la tireuse à bière, les maillots de rugby qui décoraient la pièce ont disparu. Une photo de Chantal trône à la place. Au moment de notre premier entretien, un atelier pour le commerce artisanal de confitures que lance Céline est en construction, de l'autre côté de l'allée, près de la piscine.

Me dévisagent des yeux bleus immenses. Céline ressemble à sa mère, dit-on, souriante et très spontanée. Je ne peux pas dire. À ma table de travail, je compare des photographies. J'y trouve, c'est vrai, les mêmes yeux, des yeux grands ouverts embrassant le monde, dans lesquels flotte une innocence, forme, pourrait-on dire, d'étonnement permanent. J'y décèle aussi une profonde lassitude, chez Chantal comme chez Céline. Ces yeux ne mentent pas. Et ces yeux si francs, désormais, m'observent. C'est ainsi que je découvre, en pied, la femme qui, treize ans après, a remplacé la jeune femme, j'écrirais presque la jeune fille, prise en photo lors du premier procès, à Grenoble (elle avait vingt-quatre ans), à côté de sa sœur, à chaque fois à côté de sa sœur, d'ailleurs, comme si les deux étaient indissociables. Je suis intimidé. Dans la lettre que je lui ai envoyée quelques semaines plus tôt, j'ai écrit : « Avant de vous exposer la raison précise de ce courrier, je voudrais vous dire tout le respect que j'ai pour vous, pour votre vie, pour ce que l'existence vous a imposé de traverser et que vous avez traversé parce que la vie, justement, ne vous en a pas laissé le choix. Je m'adresse à vous dans une posture de grande humilité. Comme toute existence, la mienne a connu ses secousses mais aucune n'a été de l'ordre de celle que vous avez vécue. D'ailleurs, je ne sais pas ce que vous avez vécu, je peux seulement me dire que c'est considérable. » Et me voilà face à elle, orpheline de mère dans les conditions que l'on sait, là, dans son salon, le salon de cette grande maison où vécurent ses parents et je dois poser mes questions. Toutes les questions que je veux, m'assure-t-elle – une confiance existe *ipso facto*, du fait de ma démarche, j'imagine, c'est un honneur. Interroger est mon métier, mais dans un tel contexte, c'est une première. Il y a comme un pacte. Un engagement, c'est ainsi que je le vis, et j'ai peur, déjà, de ne pas respecter la confiance qui m'est accordée – cette crainte me tenaillera jusqu'à ce que Céline ait lu, et, espéré-je, apprécié le livre.

Il émane d'elle quelque chose de cabossé, l'impression d'une bulle énergétique fendillée ici, enfoncée là, comme une coquille d'œuf dur cognée avant d'être écalée. Mais Céline est droite, debout et sourit. Elle tient la route, comme elle dit. « On tient la route », plus exactement. Elle dit souvent « on » à la place de « je ». Elle est grande, fine, n'a pas la carcasse des Cécillon, elle est blonde. Et elle fait face, c'est vrai. Elle a toujours fait face. Le 8 août 2004, elle aurait pourtant pu s'allonger, fermer ses grands yeux et ne plus jamais vouloir les rouvrir.

Dans la nuit du 7 au 8, pas loin de l'heure du drame, elle a renversé un verre, ce qui ne lui arrive jamais. Elle est en vacances au fin fond de l'Espagne avec son compagnon et des amis. Le lendemain, le téléphone n'arrête pas de sonner mais, « à vingt piges, se souvient-elle, on n'est pas inquiet ». Sa pote Caro finit par décrocher, le beau-frère de Céline appelle sur son portable à elle puisque Céline ne répond pas – alors que, disent-ils tous dans leurs messages, c'est important et urgent. La copine lâche presque l'appareil et le tend à Céline. « Ton père, il a tué ta mère », lui dit le beau-frère. Comme ça, de but en blanc. Céline passe le téléphone à son compagnon, elle ne comprend rien, pourquoi Caro pleure, là, devant elle, ce qui vient de lui être dit, que se passe-t-il au juste ? Non, ça n'imprime pas. Mais tout le monde saute dans la voiture, viens Céline, les vacances sont finies, il faut traverser l'Espagne, remonter d'une traite jusqu'en Isère, tout hébétés, halte chez Angélique dans les environs de Saint-Marcellin, à une heure de route de Bourgoin, à la frontière de la Drôme et de l'Isère. Céline n'a pas vingt-deux ans. Sa mère est morte. Sa mère a été tuée. Son père est le meurtrier. Comment réaliser ? Il reste des bribes de ce chaos, ce que Céline a pu, dans la sidération générale et sa propre confusion, saisir des jours qui ont suivi la mort de sa mère.

Après être passée chez les uns, chez les autres, dans l'émotion les deux familles se promettant de se serrer les coudes, elle se rappelle la mission à la morgue de Grenoble pour récupérer les bijoux de Chantal, l'oncle est du voyage, Serge le frère de Chantal. Puis, sans plus distinguer les jours des nuits et les nuits des jours, Céline ne dort plus malgré les cachets, les cauchemars s'acharnent, la réveillent, c'est le funérarium, chez Boudrier, dans le centre de Bourgoin à l'époque, le défilé ininterrompu de condoléances auxquels s'ajoutent les appels téléphoniques, tant d'appels, pour d'autres condoléances, encore, et de qui ?, de tout le monde, c'est du délire. Et il faudrait en ces instants, alors qu'on n'a plus pied, choisir les textes pour l'enterrement, décider des chants, penser aux fleurs. Céline bugge. Dans un état végétatif, bourrée d'anxiolytiques. Et même après les funérailles, il n'est toujours pas temps d'appréhender le vide, pas temps pour le repli, ni le deuil, ni le chagrin, ni rien. Ce sont les convocations devant le juge d'instruction, au commissariat de Bourgoin. Bourgoin, ville pétrifiée, où l'on dirait que le vent a cessé de souffler, où les oiseaux ne chantent plus, Bourgoin ville morte où, en une matinée, la vie s'est arrêtée.

Plus de quatorze années après cet été noir, dans le salon du Sablon, je ressens, chez Céline, une distanciation d'avec le cœur du drame, comme un cordon de protection, quelque chose, oui, d'enterré. Le noyau du tumulte m'apparaît loin et profond. Je peux me tromper. Mais j'imagine le torrent si la porte s'ouvrait, la possible dévastation. Et je comprends la distance. Bien sûr, je la comprends. Et je comprends Céline qui me répète, « il ne fallait pas couler, on aurait pu mal tourner, sombrer dans la dépression, heureusement on n'a pas ce tempérament ». La vie devait l'emporter sur cette mort atroce et ses circonstances épouvantables – quatre coups de feu à bout portant avec une arme létale à cinquante mètres –

et toutes les pertes, directes, indirectes, concrètes et figurées, qu'elle entraînait. La vie l'a emporté, Céline est là, devant moi, bien vivante.

Notre premier entretien a lieu en février 2019 et c'est une évidence. J'en suis admiratif. Je me demande seulement comment il est possible de conserver un tel noyau en soi. Alors, quand Céline me confie que le chagrin et la colère ont disparu, je doute et ce doute, je me permets de l'écrire. J'ai perçu, lors de notre première rencontre, un fond lancinant de tristesse inconsolée, de colère, justement, et de sentiment d'injustice (me suis-je trompé ?). Je revois les larmes qui s'échappent, Céline qui s'en excuse. Mais il y a des raisons à cette peine qui dure (tiens, peine, on y reviendra), des raisons absolument objectives. Les circonstances du drame, la brutalité de la disparition, de la perte et du manque, le sentiment d'avoir été volé de sa mère, de la vie d'avant, d'une partie de soi, la personnalité du meurtrier et ses agissements avant et après, le contexte – et il est complexe – où s'entremêlent deux petits mondes, celui de Bourgoin et celui du rugby, la fabrique du héros. C'est tout ce dans quoi il faut replonger, maintenant, pour comprendre le souhait de Céline de s'exprimer, pour saisir son courage et son besoin de réveiller les souvenirs et les douleurs.

« Pour qu'il ne soit plus question uniquement de lui », dit-elle. Pour rappeler que la victime de ce crime fut Chantal – et non l'homme, dépassé peut-être, qui a tiré. Pour rendre à Chantal la force de vie qui lui a été prise, violemment, sans aucune chance de s'en sortir.

Les faits

Il est environ 21 heures, le samedi 7 août 2004, quand Chantal Cécillon arrive chez C. et E., des amis très proches[1]. Chantal aurait dû arriver accompagnée de son mari, Marc, à cette fête, ils devaient s'y rendre ensemble. Elle l'a attendu, en vain. La voilà donc, seule, dans la cour de la maison de ses amis, à Saint-Savin, au milieu des convives, une soixantaine de personnes rassemblées en l'honneur des juniors du club de rugby de Pont-de-Chéruy, dont C. est dirigeant. Des tables ont été installées le long du mur de clôture, sous des chapiteaux, à proximité de la piscine. Marc Cécillon, lui, arrive un peu plus tard. Il est dans un état d'ébriété avancé et

1. Tout ce qui est exposé dans ce chapitre est tiré de l'ordonnance de mise en accusation (OMA) devant la cour d'assises de Grenoble, signée par le juge Raphaël Vincent, le 5 décembre 2005, après seize mois d'instruction.

patent. Il a passé l'après-midi sans sa femme, chez J., ancien partenaire de rugby. Marc Cécillon s'y est rendu sur sa Harley-Davidson. Pendant l'après-midi, il a joué à la pétanque, s'est plaint à un ami du refus de sa femme de l'accompagner pour une promenade à moto. Il a tenté aussi, à cinq reprises, de joindre l'une de ses maîtresses occasionnelles. Il a bu du vin le midi, puis deux bières chez lui, encore des bières chez J. Il est repassé à son domicile, au Sablon, vers 18 heures, se préparer pour la soirée, puis a pris le volant de son Audi A3 et a filé. Sans Chantal. En chemin, il s'est arrêté chez « Irène », un bar de Saint-Savin, où il a consommé l'équivalent de trois pastis. Est-ce à ce moment-là qu'il téléphone à Marinette, la mère de Chantal, pour savoir justement où se trouve Chantal ? Marinette, qui sait le harcèlement téléphonique, les insultes, les réveils intempestifs, tout ce que subit sa fille depuis des mois, sent qu'il a bu et lui répète, comme elle l'a déjà fait à de nombreuses reprises, qu'il doit voir un médecin. Lui, répond qu'il va « se mettre dans un coin et *la* surveiller toute la soirée » ; la : Chantal. Il est certain que sa femme a un amant – ce qu'aucun élément de l'enquête ne laissera seulement supposer – et cette idée l'obsède. Depuis des mois, le couple bat de l'aile. Ils se disputent fréquemment,

Chantal et lui. Lui, Marc Cécillon, reproche à son épouse de ne plus vouloir partager la même chambre, d'exiger l'usage d'un préservatif lors de leurs relations sexuelles [d'après le témoignage d'Huguette, elle aurait contracté plusieurs maladies vénériennes qu'elle soupçonne son mari d'avoir, lui, attrapées lors de relations adultérines], et de se refuser fréquemment à lui. Ses propres infidélités, de simples aventures dira-t-il tout en admettant des rapports parfois non protégés, ont pu être, c'est vrai, un sujet de discorde par le passé. Chantal lui reproche, il le sait, sa consommation régulière d'alcool, dont il conviendra qu'elle relève peut-être de l'alcoolisme. Il sait aussi qu'elle envisage une séparation, ce que lui refuse, et ça le mine.

Chez C. et E., Marc Cécillon boit encore, d'autres pastis et du punch. Il apprend à son auditoire que sa femme veut divorcer, tient des propos insultants et menaçants à son sujet. Un témoin rapporte qu'il lui aurait lâché « regarde cette pute, je vais la buter » en la désignant. À la fin de l'apéritif, certains de ses amis interviennent pour lui faire cesser sa consommation d'alcool et l'invitent à passer à table sous le chapiteau. Marc Cécillon aurait alors confié à C. : « Je ne vois pas la vie sans Chantal, si elle me quitte, je la tuerai et je me tuerai. » Il prend place ensuite à droite de son épouse, en face d'E. Au cours du repas, il adopte une attitude ouvertement désagréable envers sa femme puis a un geste d'agressivité à son égard – ce n'est pas la première fois qu'il insulte Chantal, et pas la première fois en public, ni la première fois qu'il la bouscule, il reconnaîtra même deux gifles et surtout une scène où, suite à une dispute après qu'elle s'est refusée à lui alors qu'il était rentré ivre au petit matin, il a utilisé son revolver 357 Magnum pour tirer en l'air dans la cour de sa maison. Sous le chapiteau, E. intervient verbalement pour défendre son amie Chantal. Marc Cécillon se lève alors et porte à la maîtresse de maison une violente gifle au visage, qui occasionnera une entorse cervicale et une incapacité totale de travail de quinze jours. À son tour, C. intervient, physiquement cette fois, pour défendre son épouse et, après lui avoir remis l'esprit en place en le frappant au visage, somme Marc Cécillon de partir. Après discussion, ce dernier quitte la soirée.

Que fait-il, alors ? Marc Cécillon rentre à son domicile, à cinq minutes de là. Il n'a pas supporté d'être éconduit ni que son épouse refuse de l'accompagner. Il est décidé, il l'avouera, à prendre son revolver 357 Magnum pour tirer sur Chantal. Il choisit cette arme précisément parce qu'il pourra la dissimuler et parce qu'il en connaît la dangerosité. Il expliquera l'avoir trouvée rangée et chargée dans le débarras où ses armes de chasse sont entreposées. Les enquêteurs découvriront, le lendemain lors de leur perquisition, sur l'étagère d'un meuble de la chambre à coucher que Marc Cécillon occupait au premier étage de la maison trois boîtes de munitions 22 LR et surtout trente-six cartouches de 357 Magnum dans une boîte pouvant en contenir cinquante. Au sol, devant ce meuble, plusieurs paires de chaussettes et un blindage de munition. Dans la pièce attenante faisant fonction de bureau, dans le prolongement de la porte de la chambre, ils constateront la présence d'un impact, en forme d'éraflure, au niveau du plafond, ainsi que deux impacts au niveau du mur opposé. Ils en supposeront que Marc Cécillon a fouillé dans le meuble contenant les chaussettes pour chercher le revolver et/ou les munitions puis a tiré un coup de feu depuis la chambre en direction du plafond du bureau et que le projectile a ricoché sur le plafond avant de frapper le mur.

Dans le débarras mentionné par Marc Cécillon donnant sur la cour de la propriété, les gendarmes trouveront, à l'intérieur d'un placard non fermé à clé, de multiples cartouches de chasse, quatre carabines et un fusil, ainsi qu'un étui percuté de 357 Magnum.

Armé, Marc Cécillon repart à la fête. En manœuvrant dans la cour de sa maison, il percute la porte coulissante du garage et abîme le feu arrière gauche de son Audi. Il parcourt les quatre kilomètres qui séparent le Sablon du domicile de ses amis. Puis stationne son véhicule devant le portail de la propriété de ses amis environ trois quarts d'heure après en avoir été chassé. A., le fils des hôtes, le voit s'avancer de quelques mètres, puis retourner chercher dans son véhicule une arme de poing, la glisser dans sa ceinture, la dissimuler sous sa chemisette et se diriger vers les convives.

C. vient au-devant de son ami pour lui demander à nouveau de partir. Une nouvelle explication s'ensuit. Les deux hommes se tiennent légèrement en retrait des invités, au niveau de la remorque frigorifique stationnée devant la maison. A. tente alors de prévenir d'autres convives que Marc Cécillon est armé mais ses gestes ne sont pas compris. Dans l'assemblée, on s'inquiète de ce retour. Certains convives se demandent même si Marc Cécillon n'est pas en possession d'un fusil. Chantal, elle, dit : « Il faut appeler la police. »

Des témoins s'approchent de C. et Marc Cécillon afin de pouvoir intervenir si nécessaire. L'un d'eux vérifie qu'il n'y a pas de fusil dans l'Audi. Et Marc Cécillon est calme. Il semble même maître de lui, dégrisé. Après un quart d'heure d'une discussion au cours de laquelle il tient des propos farfelus, tentant de justifier sa violence à l'égard d'E., lui reprochant notamment de profiter de la générosité de Chantal, il finit par accepter de quitter les lieux mais exige, auparavant, de pouvoir dire au revoir aux convives attablés sous le chapiteau aux côtés de Chantal. Il se dirige alors vers la table, embrasse des invitées et demande à son épouse de le suivre. Celle-ci refuse. Debout face à elle, assise dos au mur de clôture de la propriété, Marc Cécillon sort le revolver de sa ceinture et, tenant l'arme dans sa main droite, fait feu sur Chantal en visant le ventre. En un geste de défense désespéré, Chantal lève les bras puis tombe en arrière, entraînant dans sa chute la table sur laquelle Marc Cécillon s'est appuyé et d'autres convives. Marc Cécillon se penche alors par-dessus la table pour continuer à tirer sur Chantal, malgré l'intervention de témoins qui, déjà, tentent de le maîtriser. Il fait feu, au total, à quatre ou cinq reprises – lui dira, le lendemain, qu'il a tiré deux ou trois fois. Il est désarmé, maîtrisé et ligoté par une dizaine de témoins. Une fois immobilisé et attaché, il hurle des phrases du type « je t'ai tuée mais je t'aime » et « tuez-moi ». Chantal, elle, gît, ensanglantée, le corps déformé par les impacts de balle expansive du 357 Magnum.

Il est 0 h 12 quand la gendarmerie de Bourgoin-Jallieu est avisée qu'une femme vient d'être grièvement blessée par arme à feu au cours d'une soirée organisée à Saint-Savin. Les gendarmes sont sur place à 0 h 20. Ils découvrent une soixantaine de personnes dans la cour de la propriété. Les sapeurs-pompiers et le SAMU prodiguent les premiers soins à la victime, allongée à terre près du mur de clôture. À proximité, les gendarmes voient Marc Cécillon maintenu au sol à plat ventre au moyen d'une chaise posée sur lui avec un homme dessus, pieds et poings liés par une corde et un câble de batterie. Il est en état d'ivresse manifeste, en proie à une grande excitation nerveuse, tient des propos incohérents. Les gendarmes le menottent. Marc Cécillon est placé en garde à vue et conduit au centre hospitalier de Bourgoin-Jallieu pour soigner la plaie qu'il présente au cuir chevelu.

À 0 h 45, le décès de Chantal Cécillon est constaté sur les lieux du drame par le médecin du SAMU. Elle présente cinq blessures par arme à feu, dont un tir thoracique gauche mortel par section complète de la moelle épinière et plaie pulmonaire avec hémothorax, le projectile ayant ricoché à l'intérieur du corps contre la paroi interne du gril costal. On en retrouvera les fragments sous la clavicule gauche et dans la région occipitale droite. Les quatre autres blessures sont transfixiantes – c'est-à-dire que les balles l'ont transpercée de part en part – et concernent la zone abdomino-pelvienne gauche, le côté droit du bassin et le membre supérieur gauche touché au bras et à l'avant-bras, ces deux dernières blessures correspondant à des lésions de défense subies lorsqu'elle a levé le bras pour se protéger. Les trajectoires obliques de certains projectiles, en particulier celui occasionnant la blessure thoracique mortelle, suggèrent des tirs effectués sur une victime allongée sur le sol ou en train de tomber.

Le technicien en identification criminelle retrouve sur un monticule de terre, à quelques mètres de la victime, le revolver, un Taurus-Brasil n° NC925765, de calibre 357 Magnum à l'état neuf, lubrifié, chien rabattu, approvisionné de cinq étuis de munitions percutés, la sixième chambre du barillet étant vide, de même que deux éléments de balle enfouis dans le sol. Ce revolver, Marc Cécillon précisera dès le lendemain qu'il l'a acquis, ainsi que deux boîtes de cinquante munitions, lors d'une tournée de l'équipe de France en Afrique du Sud, en 1993, mais l'arme n'a jamais été enregistrée. Il précisera également que, sous l'empire de l'alcool, il est agressif, parfois violent, et que sa consommation importante le soir des faits a dû modifier son comportement. L'expertise toxicologique révélera une alcoolémie de 2,35 g/l de sang à partir de prélèvements effectués en garde à vue, environ deux heures trente après les faits. Au vu de ce dosage et de la chronologie de la consommation alcoolique, l'expert évaluera l'alcoolémie de Marc Cécillon entre 2,61 et 3,12 g/l au moment des coups de feu tout en précisant que, chez un sujet alcoolodépendant, les symptômes habituels (excitation, hallucinations, amnésie) sont limités par un seuil de tolérance plus élevé.

Le lundi 9 août 2004, une information judiciaire du chef d'assassinat est ouverte à l'encontre de Marc Cécillon, qui est mis en examen de ce chef et placé en détention provisoire. Lors de son interrogatoire de première comparution ce jour-là, il confirme les explications qu'il a données lors des trois auditions menées par les gendarmes la veille, après son dégrisement. À la question du juge d'instruction : « Pourquoi avoir pris ce soir-là une arme, et pourquoi cette arme ? » Marc Cécillon répond : « Pour tirer sur ma femme. J'ai pris celle-là parce qu'elle était chargée et plus facile à dissimuler. » Plus loin, il ajoute : « Je voulais tirer sur ma femme, je voulais juste la blesser, je sentais que je la perdais. »

Je ne sais pas si j'ai fait mon deuil

Le meurtre de Chantal, Marinette se demande souvent si *il* y pense. Elle, c'est tout le temps. Tous les jours. Elle a, en 2019, quatre-vingt-trois ans et ne se lève pas un matin, depuis le mois d'août 2004, sans penser à Chantal, sa cadette dont elle était si proche, sans se dire, tiens, si elle était là, sans penser à ses funérailles, au soir du drame, à la scène du crime. Cette nuit-là, elle a vu plus qu'elle n'aurait voulu voir. Quand son téléphone a sonné, E. à l'autre bout du fil, elle venait de se coucher, il était un peu plus de minuit, elle avait passé la soirée au restaurant avec Roger, son compagnon, et la fille de celui-ci. Elle a décroché.

— Marc a tiré sur Chantal, lui dit E.

— Qu'est-ce que ça lui a fait ? demande Marinette.

— On essaie de la ranimer.

Avec Roger, ils sont partis sur-le-champ. En quelques minutes, ils étaient sur les lieux et sur les lieux, donc,

Marinette a vu. Marc attaché, au sol, sous les chaises. Chantal, au sol elle aussi, plus loin, derrière les rubans jaunes – mais dans quel état ? Et Marc qui gueule. Elle lui demande, horrifiée, incrédule, « mais qu'est-ce que t'as fait, qu'est-ce que t'as fait ? », elle si petite bonne femme, lui colosse en plein délire, il ne la voit pas, ne l'entend pas, en revanche, il apostrophe Roger. « Roger, appelle Chantal, braille-t-il, appelle Chantal », et Roger lui renvoie : « Tu viens de la tuer, comment veux-tu qu'elle te réponde ? »

Marc Cécillon est ivre. Il est ivre comme tout le temps ces derniers temps, comme très souvent avant, il est ivre et Marinette se souvient. Elle se souvient les nuits que Chantal a passées auprès d'elle parce qu'elle ne voulait pas rentrer, toutes ces nuits apeurée et puis les départs, au matin, visage tendu, parce qu'il faut bien y retourner. Elle se souvient que, plusieurs fois, elle, Marinette, a emmené son gendre chez le médecin pour le faire soigner. Elle est la seule à l'y avoir emmené. La seule, oui. En accord avec Chantal, qu'il refusait de suivre, il était en haut dans la chambre, dans la maison du Sablon, il disait non, je ne descends pas et Marinette finissait par le convaincre, allez, Marc, tu viens, et il la suivait.

Chantal les laissait partir, elle avait confiance. Chantal, sa Chantal, allongée là-bas, Marinette ne peut l'approcher, à cause des rubans. Et où sont-ils tous les autres, ce soir, cette nuit, sa famille, ses copains de biture, ces âmes damnées qui lui payaient toujours le dernier verre, qui lui téléphonaient pour l'emmener en bringue, à qui, savaient-elles, il ne disait jamais non, où sont-ils ceux qui le couvraient, lui passaient tout et s'enorgueillissaient de son amitié, où sont-ils, tous ceux-là qui, toujours, ont entraîné son côté sombre et jamais n'ont cherché à le faire soigner, où sont-ils ce soir, alors que Chantal gît là-bas, près de la haie, derrière les rubans, entourée des secouristes qui, sans espoir, s'affairent auprès d'elle, et qu'elle, Marinette, se retrouve seule dans la nuit noire, éblouie par les éclairs bleus des gyrophares des véhicules de pompiers et de gendarmerie, à endurer les braillements insupportables de son gendre aviné, son gendre qui vient de lui retirer son enfant pour toujours. Elle est seule, Marinette, seule au milieu de tous les convives choqués, seule au milieu des gendarmes qui les questionnent, seule au milieu du vide béant qui, déjà, s'ouvre en elle. Le médecin le lui avait dit pourtant, se souvient-elle encore, le docteur G., à Trept, il l'avait dit devant elle : « Monsieur Cécillon, vous êtes un alcoolique, il faut vous faire désintoxiquer. » « Mais Marc ne voulait pas. » Il soutenait mordicus qu'il n'était pas un alcoolique, Marinette se rappelle bien ses paroles, et, sans son gré, la cure était impossible. « Alors il se contentait de cachets. » Pendant trois mois, il était bien, c'était le Pérou, oui, et « quand il était bien, ils s'adoraient avec Chantal ». Et puis…

Marinette pose son visage sur sa main. Elle le fait souvent, comme pour soulager la tristesse de ses yeux, des yeux d'un bleu clair, tiens, comme ceux de Céline, des yeux, dirait-on, qui ne se sont pas habitués à l'absence et semblent sans cesse chercher un appui qu'ils ne trouvent pas. Assise, dans la salle à manger de Céline, l'ancienne cuisine de la maison du Sablon, elle revoit le visage de son gendre, les derniers temps, les mois avant le drame (elle dit le drame), ses yeux à lui qui, à force d'alcool, lui sortaient de la tête, il était méconnaissable. Elle s'accroche aux paroles, plus récentes, de son docteur actuel. Elle l'a interrogé parce que ça la hante et il lui a assuré, ce docteur, et en tant que docteur il doit bien savoir, que Marc Cécillon ne peut pas oublier, qu'il y pense forcément, qu'il vit chaque jour de son existence avec ce crime. Mais elle ajoute : « Quand il était comme ça, ivre, il oubliait tout, alors je ne sais pas s'il se rappelle que c'est lui qui l'a tuée » – l'injustice à son summum, l'avoir supporté, avoir tenté de l'aider, avoir perdu Chantal, en souffrir quand lui, peut-être, par inconscience, ne se souviendrait de rien.

Dans la maison de Céline, l'ancienne maison de Chantal et de Marc, Marinette revoit des scènes. « Il était là-haut, dit-elle en montrant le balcon, dehors, le balcon de la chambre à coucher, il ne voulait pas descendre, il insultait Chantal, assise là, qui pleurait ; et ça n'est pas arrivé qu'une fois. » D'un coup, tout semble tellement vivant, les souvenirs, les images, les douleurs, alors elle ajoute « tant que j'aurai de la mémoire ce sera comme ça » et puis elle avoue : « Je ne sais pas si j'ai fait mon deuil. Je lui en veux, je lui en voudrai tout le temps. » Elle secoue la tête. « Une fille comme ça, fait-elle, j'peux pas vous dire. Elle était… »

Une lumière

Il faut imaginer une femme petite et fine (1,59 mètre, 48 kilos) et pleine de vie, tirée à quatre épingles, vêtue d'un tailleur, escarpins aux pieds, les talons hauts comme des échasses. Elle tient un magasin de prêt-à-porter en centre-ville de Bourgoin, dans la rue piétonne, la rue de la Liberté, de 9 heures à 19 heures. À la sortie de l'école, Angélique et Céline, ses filles, l'y rejoignent. Elles font leurs devoirs dans l'arrière-boutique. La couturière, madame Noëlle, leur confectionne des vêtements pour leurs Barbie avec les chutes de tissu. Plus tard, lorsqu'elle est au collège puis au lycée, c'est quand elle rate le bus de ramassage scolaire – la famille a déménagé à Saint-Chef – que Céline vient retrouver sa mère à la boutique. Parfois, Céline donne un coup de main, au moment des soldes et des foires du 1er Mai pour éviter la fauche. Elle va chercher les cafés, en face, au Christina, chez

Goyet (le café n'existe plus). La grand-mère travaille au magasin, cinq années. Les femmes de la famille réunies, aidées chaque samedi par Nathalie, la sœur de Marc. Céline accompagne sa mère partout, et notamment faire les emplettes, à Lyon, pour le magasin, Marinette est de la partie, parfois. Quand Chantal et Céline partent en virée, dans la Mini Austin de Chantal, Angélique, l'aînée, elle, est au stade, avec son père. Angélique aime le rugby, l'ambiance autour du terrain et au club-house. Les fans et les groupies, ce n'est pas la tasse de thé de Céline, qui en verra, pourtant, des matchs, fera des déplacements en voiture avec la mère, comme elle dit – « C'est dauphinois, affirme-t-elle, de dire la sœur, la mère, le père » –, dans la BMW noire, pied au plancher parce que Chantal papote et, tête en l'air, oublie de regarder le compteur, mince voilà les gendarmes, ou dans le car des supporters, alcool à gogo, pour suivre, à travers la France, les phases finales du CSBJ.

Chantal pétille. C'est un boute-en-train. Elle est tout le temps joyeuse, positive. Même quand il a fallu appeler Louis, le père de Marc, la veille au soir, Louis le seul à pouvoir calmer Marc quand il est pris, se remémore Céline, dans un de ses accès de violence alcoolisée, à tout casser dans la maison ou ailleurs. « C'était une lumière cette fille, dit d'elle au juge Vincent son amie E. Elle était magnifique, d'une gentillesse incroyable. Elle savait toujours où était sa place. C'était une femme de tête, qui gérait tout, même à la maison. » Céline ajoute : « Même si lui faisait ses conneries, elle était toujours droite, elle ne s'effondrait pas. » Chantal ne fait jamais la tête. Elle accompagne ses filles en boîte de nuit, qui la posent dans un coin, elle se met à danser, seule, elles reviennent la chercher des heures plus tard, elle n'a pas bougé, toujours à danser. Elle s'avale des romans policiers et des séries noires à la télé, Columbo, Barnaby, Maigret, des romans à l'eau de rose, dont Céline découvre aujourd'hui la collection. Elle a cette drôle de manie de peindre les meubles qu'elle achète chez les brocanteurs pour en remplir la maison qui déborde, Céline se souvient notamment d'une commode magnifique relookée jaune et bleu, qu'il faut aujourd'hui décaper pour la récupérer. Elle aime son travail, Chantal, s'occupe bien de ses clientes, c'est une commerçante, gracieuse, attirante, les dames de Bourgoin aiment sa boutique et repartent rarement les mains vides. Elle fait les comptes au bord de la piscine où elle déteste être éclaboussée. Ses savates volent quand des gouttes l'atteignent, rares et uniques fois où elle peut s'énerver. À la maison, les papiers, la gestion du ménage, la gestion des appartements dans lesquels le couple Cécillon investit, c'est elle, toujours elle ; elle aussi qui lance et gère la marque de vêtements à l'effigie de son héros de mari (MC8 : Marc Cécillon 8, 8 son numéro dans le dos, sur le terrain), elle, finalement, qui assure le train de vie de la famille. Elle aime recevoir, Chantal, et reçoit souvent, que la maison soit pleine, de ses amis ou de ceux de ses enfants. En début d'été, chaque année, elle met ses filles et sa mère dans la Mini et, zou, les voilà parties pour une semaine à Nice, parfois quelques jours seulement, dans un petit hôtel en bord de Méditerranée.

Céline sourit. C'est un sourire d'une grande tendresse, une tendresse amusée. Elle doit le revoir ce petit bout de maman qu'elle a vite dépassé sous la toise. Oui, elle la revoit se pointer à trottinette le jour de ses dix-huit ans. La fête a lieu dans le garage de la grande maison, au Sablon. La trottinette, c'est le cadeau d'anniversaire de Céline, qui vient de s'installer à Lyon. Elle est seule, Chantal, à l'époque, de plus en plus seule. On est en 2000. Marc Cécillon a commencé sa chute libre. En plus du magasin, Chantal s'est lancée dans un bac pro de secrétariat. La boutique tourne moins bien, elle est fatiguée par le rythme d'ouverture, fatiguée aussi de sa vie de couple, d'être surveillée par son mari de plus en plus jaloux et ses mouchards, qui l'épient partout où elle met les pieds, elle cherche de nouveaux horizons. À s'émanciper – le magasin est à *eux* (au départ, dans les années 1980, les dirigeants du CSBJ se sont portés caution). Il en faut de l'énergie pour tout mener de front. Quand Céline travaille et vit à Lyon, avec son compagnon, après avoir obtenu son bac, sa mère l'appelle tous les soirs – le lien, toujours. Les deux jeunes, qui approchent la vingtaine, rentrent presque chaque week-end à Saint-Chef, Chantal les accueille le vendredi soir avec sa traditionnelle coupette de champagne, toujours une coupe de champagne pour les bonnes occasions. Le lendemain matin, au petit déjeuner, débarque Marc, qui a passé la nuit dehors. Il a l'œil rougi et le regard torve, l'haleine chargée, la langue épaisse, et il les insulte : « Qu'est-ce que vous foutez là, les Lyonnais, bande de petits blancs-becs ? »

À part la déchéance du père, qui tourne violacé à force de boire, et face à laquelle, en plus de l'impuissance qui s'est imposée avec les années, en plus de la tristesse, au fond, de voir son père ainsi s'abîmer, elle ressent désormais honte et dégoût, à part cela, c'est une belle époque, cette période, pour Céline, sa vie à la Croix-Rousse, véritable petit village où tout se vit à pied – ou à trottinette –, les huîtres au troquet du coin le dimanche matin quand elle a décidé de passer le week-end à Lyon, le premier boulot chez un carrossier qui retape des vieilles voitures et lui confie la liste de courses au marché pour le casse-croûte partagé du vendredi midi avec sa femme et les collègues. Céline a une Austin Mini, offerte par son compagnon, grise comme celle de sa mère, un hasard, il faut juste refroidir le moteur avec une bouteille d'eau, sur l'autoroute, le joint de culasse a souffert. Durant quelques semaines, Céline assure un remplacement au cabinet médical où, son bac pro obtenu, le commerce de vêtements vendu, Chantal a trouvé un poste, à Bron. La mère et la fille se retrouvent comme au temps du magasin. Chantal s'épanouit. Dans ce nouveau travail, dans cette nouvelle vie, oui, c'est une nouvelle vie et elle en est heureuse. Angélique est plus loin, à Saint-Marcellin, au pied du Vercors. Puis, pour Céline, c'est le temps du retour à Bourgoin, programmé à la rentrée 2004, pour se rapprocher des racines, de la grand-mère et de la mère – ce sera malheureusement trop tard.

Ces années-là, la semaine, à Saint-Chef, c'est le huis clos. Les filles ont quitté la maison. Chantal est seule face à Marc. Seule face à ses silences. Ses escapades nocturnes. Ses escapades de plusieurs jours, de plusieurs nuits. Son alcoolisme. Marinette se souvient. C'était encore du temps du magasin. À la tête de Chantal, elle savait que Marc n'était pas rentré du week-end. On était le mardi. Pour son jubilé, en juillet 2002, l'ancien champion n'était pas rentré de la semaine. Le jour J, il avait fallu le faire dormir l'après-midi pour qu'il soit présentable pour la soirée. Vers la fin… C'est horrible d'écrire *vers la fin*, mais c'est ce que nous nous disons, pendant les entretiens, vers la fin, Chantal doit supporter les appels incessants de son mari, la cinquantaine, par exemple, qu'elle reçoit entre 5 h 42 et 9 h 06 le samedi 26 juin 2004. Supporter ses exigences sexuelles – posséder le corps de sa femme comme le cow-boy possède son cheval. Elle doit supporter ses insultes, s'entendre dire en public, et pas qu'une fois, qu'elle se refuse à lui (*cf.* ordonnance de mise en accusation), parfois des bousculades, il a reconnu des gifles devant le juge.

Elle doit supporter sa jalousie confinant à la paranoïa, le « harcèlement méchant » évoqué par E. devant le juge, « l'enfer » décrit dans les témoignages de Céline, Marinette, Angélique, gérer les angoisses qui grandissent, aussi, qu'elle confie à plusieurs autres proches (OMA). Supporter, aussi, probablement, la honte de son mari de se montrer à ce point pathétique. Chantal perd ses cheveux et du poids. Elle a perdu sa joie de vivre. Elle qui ne se plaignait jamais, elle appelle Marinette, en pleurs, à la rescousse. Se réfugie chez elle. Elle a peur. Elle est au bout du rouleau. Marc l'aurait suivie jusqu'au cabinet médical, à Bron, ce qu'ont affirmé aux enquêteurs Marinette et une collègue de Chantal, il serait même entré, dit-on, mettre une brasse au gynécologue qu'il soupçonne d'être l'amant de Chantal. « Ça va mal finir », prévient-elle après qu'un matin, en juin, Marc a sorti le 357 Magnum pour les menacer, Angélique et elle. Dans la cour de la maison, il tire en l'air. Les deux femmes se réfugient chez le voisin, puis chez Marinette. Chantal a pris rendez-vous avec un avocat, à Lyon, pour le divorce, qu'elle compte acter en septembre (2004). Maître Rodamel, spécialisé dans le droit des personnes, l'a prévenue. Compte tenu du patrimoine du couple, la procédure va être longue. Chantal y va petit à petit.

En face, on l'a compris, le gars n'est pas commode. L'homme aux mille conquêtes est devenu maladivement jaloux. Il ne dessaoule plus.

Que se passe-t-il ?

Légende (1)

C'est l'histoire tristement banale du mâle et de son amour-propre. Les cours d'assises regorgent de ce type de tragédie : entre cent et deux cents femmes, parfois plus, sont tuées chaque année, en France, par une action volontaire de l'homme dont elles partagent, ou partageaient, la vie. C'est aussi l'histoire déjà rebattue, et qu'il est nécessaire de prendre à rebrousse-poil, d'un demi-dieu trompeur et abusé. La reprendre pour ne pas tomber de nouveau dans le piège du crime passionnel surgi du fond d'une bouteille de pastis, dont l'auteur aurait été tout autant victime que sa proie. Mais ce n'est pas chose facile. Il faut, pour cela, pénétrer un monde où les yeux fuient et le silence règne, et ce silence n'est pas celui du calme, ni de l'apaisement. C'est une chape de plomb. Les lettres et les messages que j'adresse, mes demandes, mes relances, mes questions restent pour la plupart sans réponse. Les réponses, quand j'en reçois, sont des refus, quelquefois des paroles mais qui s'abstiennent alors, le plus souvent, d'aller au fond des choses. Il y a des exceptions, rares et anonymes. Anonymes parce qu'il ne faudrait pas que l'on sache qui a osé manifester sa pensée et ses sentiments forcément critiques – quatre balles à bout portant –, on pourrait croire que celui-là crache dans la soupe, alors que, souvent, comme tout le monde, de près ou de loin, il a participé. Mais à quoi ? À l'illusion. Le malaise écrase tout, et il est colossal. La pudeur, la dérobade opposées aux questions le dissimulent mal et voilà plus de quinze ans qu'on ne dit rien, ou presque rien. Mais comment parler de la mort et du crime quand ils se sont invités avec autant de brutalité dans l'existence ? Comment se remettre d'une irruption aussi féroce de l'horreur, entrée par effraction dans le roman d'une vie rêvée, un peu aveugle certes mais c'est si banal, aux apparences paisibles ? Il faudrait admettre que, peut-être, oui, peut-être, on a su, on a vu et trop laissé faire. Pire, qu'en laissant faire, en se taisant, en couvrant même, parfois, on a pu contribuer. Il faudrait définitivement brûler l'idole et, avec, se brûler soi. C'est, je le reconnais, beaucoup demander. Alors, chacun, l'âme lourde – ou pas, d'ailleurs –, se défend.

Et cela donne ce silence. Cela donne cette impression poisseuse de culpabilité générale, comme si chacun se vivait, au fond, redevable d'une dette envers le dieu exécuteur aveuglément adulé, comme une obligation de retenue, dette éventuellement doublée d'une bonne dose de honte envers sa victime, et tout cela est indicible. Derrière les portes closes et les bouches muettes, je perçois la gêne. La cocotte a explosé et, merde, n'a pas explosé seule – si on avait su. Trop tard.

Évoquer le drame de 2004 et demander à ceux qui, de près, l'ont vécu ou l'ont vu venir, ou n'avaient rien vu et ne s'en remettent pas, c'est, je l'admets, placer avec une certaine violence un miroir sous le nez de tous ces gens, qui, publiquement du moins, refusent, parce que c'est trop dur, de se regarder en face. Je ne sais pas ce que chacun, chaque matin, devant la glace de sa salle de bains voit et se dit. La peine, peut-être, les accable. Mais ce silence crée l'injustice. Ce silence protège encore celui qui, le samedi 20 février 1988, est devenu leur dieu. Et pendant ce temps, Céline, Marinette et quelques autres sont contraints à l'isolement.

Cet après-midi du 20 février 1988, on ne croise pas un chat dans la rue de la Liberté, la rue piétonne où pourtant tout, à Bourgoin-Jallieu, se passe. Les boutiques ont baissé leurs rideaux. Les cafés sont vides. Les téléviseurs sont allumés, tous, sur Antenne 2. Une poignée de secondes avant 15 heures, le commentateur Pierre Salviac envoie « une pensée affectueuse pour les gens de Bourgoin ». Marc Cécillon, aux côtés des figures de l'époque Serge Blanco, Philippe Sella, Pierre Berbizier, Daniel Dubroca ou Laurent Rodriguez, et après tant d'années d'attente sans jamais moufter, s'élance sur la pelouse du Parc des Princes. L'équipe de France de rugby affronte l'Irlande pour son troisième match dans le Tournoi des Cinq Nations, après une défaite en Écosse deux semaines plus tôt.

Cécillon porte le numéro 6. À Bourgoin, il était une vedette, il devient un demi-dieu qui fait parler de sa ville à la télévision et la fera connaître dans tous les pays de rugby au fil de ses quarante-six sélections, de ses cinq capitanats, de ses sept années de carrière internationale. Il a vingt-huit ans, des épaules de déménageur, une gueule carrée d'acteur hollywoodien. Joue en équipe première du CS Bourgoin-Jallieu depuis onze ans déjà, avec laquelle il illumine tous les terrains de France, attirant les offres de clubs prestigieux comme Toulon, Béziers ou Grenoble. Mais, gloire lui soit rendue, il préfère, fidèle, humble, dit-on, sa terre et les siens. Alors, ce 20 février 1988, derrière lui, ce sont les cinquante mille habitants de Bourgoin-Jallieu, chef-lieu de canton anonyme du Nord-Isère coincé entre Grenoble et Lyon, et de sa périphérie qui poussent. Des autocars ont été affrétés des quatre coins de l'agglomération pour soutenir « Marco », en vrai, dans les travées du Parc, avec des banderoles. Le processus d'identification déjà à l'œuvre explose. Bientôt, dans tous les commerces du coin trônera sa photo dédicacée.

L'idole est en adéquation parfaite avec le milieu dans lequel elle évolue ; c'est en tout cas ce qu'on raconte, ce que tout le monde veut (faire) croire. Dans les années 1980, Bourgoin-Jallieu est encore une petite cité sous-traitante de l'industrie textile lyonnaise, l'industrie de la soie notamment, qui compte vingt-deux mille habitants. À Bourgoin et à Jallieu, communes limitrophes réunies en 1967, jusqu'à la fin de ces années 1980, pour une partie de la population, on ourdit, on tisse, on encolle, on dévide. On fabrique des métiers à tisser, on grave sur bois et sur cadre. On embauche au petit matin ou pour le service du soir, on passe au bistrot avant ou après le travail selon l'heure, on turbine sans revendiquer. La coopérative de l'usine garnit les filets de provisions, la chapelle de l'usine accueille les mariages, le tout sous le patronage des grandes familles propriétaires des manufactures[1].

Le club de rugby, lui, n'a pas attendu la fusion des deux villes pour servir de ciment aux deux communautés. Depuis les années 1920, le club de Bourgoin est installé sur un terrain de Jallieu, acquis par une poignée de visionnaires, dont Pierre Rajon, notable de la région, qui a donné son nom au stade bâti sur le terrain en question, en plein cœur de ville, stade des grandes épopées des années 1990, stade qui accueille toujours le CSBJ aujourd'hui. Il y a donc une histoire entre Bourgoin, Jallieu et le rugby et, d'un coup, Cécillon la transcende. Son physique massif le pose, là, au milieu des autres, repérable dans la foule comme le beffroi sur la grand-place d'une cité du Nord, 1,91 mètre, 115 kilos, lourd et leste tout à la fois, c'est sa force, lui qui n'a jamais soulevé une barre de musculation, il jogge autour du Sablon la clope au bec, il est, dit-on en référence à Obélix et la potion magique du druide

1. *Histoires de vies, histoire de ville*, *Bourgoin-Jallieu*, Presses Universitaires de Grenoble, 2002.

Panoramix, tombé dedans quand il était petit. Et on l'aime, ce Cécillon qui s'engage comme quinze guerriers, ce Cécillon autant manieur de ballon que bulldozer, on l'aime, dans les travées de Rajon et dans tous les foyers du Dauphiné, pour sa rusticité, sa force brute, ses charges surpuissantes, son goût du combat et des tâches obscures – comme s'il mettait en lumière en la faisant briller l'identité du cru. Il bosse sur le pré, en silence et sans relâche, l'humilité ouvrière locale chevillée au corps, la force d'abattage d'un mineur, les mots comptés des petites gens, modeste, toujours modeste, et c'est une qualité le verbe rare dans le rugby, depuis toujours, un mythe surtout. Le mythe du taiseux. Que l'on relie alors, quasi systématiquement, à la terre, à la ruralité, ou au monde ouvrier, aux valeurs authentiques, et parfois fantasmées, que ces deux univers véhiculent, travail, force, courage, abnégation, discrétion, à la simplicité, à la compréhension instinctive des choses, une autre forme d'intelligence, avance-t-on, au grand air et à la nature, pour ce qui concerne Marc Cécillon, aux heures passées, racontait-on, à arpenter combes et coteaux en quête de champignons ou de gibier – plutôt que de s'écouter parler à un micro ou de se faire voir sous les projecteurs, rat des champs plus que rat des villes, autre opposition entre le terroir, concept si puissant dans le rugby, à Bourgoin en particulier, et la frivolité citadine à laquelle on assimile le vedettariat. Or c'était une star, Marc Cécillon, une star mondiale, dont on trouvait des posters jusque dans les pubs de Nouvelle-Zélande ou au fin fond des îles Fidji. Loyale et fidèle, en plus, préférant l'énergie de son sol natal aux sirènes alléchantes de clubs renommés ; le choix du type qui sait d'où il vient et reste les pieds sur (sa) terre, dont on peut glorifier ce qu'il est possible de prendre alors pour le refus de mettre en scène ses propres exploits, guidé par une inclination naturelle à l'effacement. Quelque chose comme l'humilité par excellence d'un titan parfaitement conscient de sa supériorité. Forcément, ça plaît.

Oh, il y a bien des rumeurs sur le Cécillon bagarreur, des on-dit sur le Cécillon coureur. Oui, ça jase à Bourgoin, où tout le monde est le cousin, le frère, le voisin, l'ami d'un gendarme, d'un serveur de bar, d'un joueur du CSBJ ou d'un sponsor. Dans la petite ville iséroise tout se sait. Tout se propage, et parfois se déforme – où commence la légende, comme celle, répétée à l'envi aujourd'hui, mais qui, bien sûr, ne fut jamais écrite avant 2004, selon laquelle chaque patron de boîte ou de bar gardait dans un tiroir le numéro de téléphone de Louis Cécillon, père de Marc, le seul capable de ramener son fils à la raison quand celui-ci partait en vrille ? Tout, surtout, se balaie sous le tapis. Le demi-dieu ne doit pas être sali, comme si les foudres de sa colère divine étaient craintes – ou, tout bêtement, comme si l'on préférait ne pas prendre le risque de se passer d'un tel fer de lance dans le pack berjallien ; tout cela, oui, rien que pour du rugby.

Tout pouvait s'excuser

Un ami à qui je parle de ce récit me souffle le nom de Gilgamesh, personnage antique semi-légendaire, héroïsé, que je ne connais pas. Je lis et je découvre qui est Gilgamesh, roi de la cité-État d'Uruk en Mésopotamie (Warka en Irak, aujourd'hui), sur laquelle il aurait régné pendant cent vingt-six ans, vers 2700 avant notre ère. Le récit épique de son épopée fait partie des œuvres littéraires les plus anciennes de l'humanité. Gilgamesh, et c'est là que cela devient intéressant, était un personnage sans égal par sa force et sa prestance, par les exploits qu'il accomplissait en dominant des créatures extraordinaires. Il était grand, beau et fort, dieu pour deux tiers et humain pour un tiers. Il était effrayé par la mort, sa mort, et cherchait l'immortalité par la gloire que lui conféraient ses exploits. Il en était arrogant, impulsif, immature. Tyrannique avec ses sujets sur lesquels il exerçait notamment, et sans retenue, le droit de la première nuit avec les vierges sur le point de se marier. Il était l'incarnation de l'hybris ; la démesure, l'excès coupable, sentiment violent inspiré par les passions, l'orgueil en particulier, qui poussent parfois les hommes à tenter de rivaliser avec les dieux. Gilgamesh était admiré. Gilgamesh était craint.

Je trouve l'analogie parlante, renforcée par le rapport à la cité. Le charisme naturel et animal de Cécillon fédérait les hommes et aimantait les femmes – souvenir parmi d'autres, rapporté par un témoin, de l'épouse d'un président de club adverse couchée devant lui, entièrement offerte, dans les toilettes d'un club-house, après un match. Ses duels, sur le terrain ou dans les bars, comme des exploits remportés face à des rivaux. Le narcissisme nourri par la gloire sportive et les innombrables conquêtes féminines, « un sentiment de supériorité lié à la brillante carrière sportive » relevé par le psychologue, lors de son expertise.

La vraie différence entre Gilgamesh et Cécillon, c'est la suite du parcours. *L'Épopée de Gilgamesh* est un récit d'apprentissage. Elle narre le passage du héros de l'enfance (l'immaturité) à l'âge adulte à la faveur de rites et d'échecs qui lui permettent d'acquérir sagesse et maturité, qu'il s'empresse, ensuite, de transmettre aux habitants d'Uruk. Ce n'est pas exactement le chemin emprunté par Cécillon. Tout a pourtant été fait pour le faire croire.

Ainsi, en 1994, paraissait une lettre ouverte à sa gloire. « Merci Marc pour tout ce que tu as fait pour ton club, pour tes copains, pour l'honneur que tu as fait à ta ville, merci d'avance pour tout ce que tu feras encore, peut-on y lire. Tu représentes un exemple pour les jeunes générations de joueurs de rugby, à Bourgoin-Jallieu, dans la région, et bien au-delà. » La lettre est signée René Berchemin, notable respectable de Bourgoin-Jallieu, ancien résistant, avocat et président du CSBJ de 1980 à 1989, qui sut notamment retenir Cécillon au moment des sollicitations pour des ailleurs plus fortunés.

Quatre ans plus tard paraissait *Marc Cécillon, l'homme tranquille du rugby français*[1], biographie dans laquelle se trouve la lettre ouverte de René Berchemin. Ce livre

1. *Marc Cécillon, l'homme tranquille du rugby français,* Guy Leduc, Arts et Littératures, 1998.

signé d'un certain Guy Leduc, journaliste, nous dit-on, et écrivain franc-comtois, est une hagiographie – au sens premier, selon *Le Petit Robert* : rédaction des vies des saints puis, par extension, biographie excessivement élogieuse ; les deux définitions conviennent –, c'en est presque gênant. Les témoignages, les anecdotes, tout est dans l'excès. Personne ne reprochera à l'auteur de ce livre ni aux témoins interrogés de n'avoir pas prévu ce qui allait se produire six ans plus tard mais Marc Cécillon avait trente-huit ans quand cette biographie a été publiée. Il lui restait une année à jouer à Bourgoin, puis l'aventure à Beaurepaire, en amateur, mais, déjà, tout se savait. Toutes les personnes citées dans le livre devaient savoir quelque chose, des bagarres, des beuveries, des écarts de conduite, des coucheries. Pourquoi cette mascarade ?

En fin d'ouvrage, l'auteur explique la raison pour laquelle il a choisi ce titre, *L'Homme tranquille*. Marc Cécillon, écrit-il, lui rappelle le personnage joué par John Wayne dans le film *L'Homme tranquille*, de John Ford – et plus que Rambo, Schwarzenegger ou Tarzan, auquel, nous apprend-il, Cécillon fut comparé. Et ce qu'il aime, l'auteur, c'est que ce grand gaillard réservé se révèle au cours d'une énorme bagarre. On aurait aimé plus subtil mais rien, finalement, ne semble subtil, ni dans ce livre, ni dans la vénération portée à l'idole berjallienne. L'auteur glisse ensuite un mot gratuit sur des détails physiques de Chantal, qui n'a pas la rousseur de la femme dont l'homme tranquille tombe amoureux mais, insiste-t-il, en a « le caractère, la détermination et la beauté farouche ». Passons sur la beauté farouche, mais le caractère, la détermination, qu'en savait-il ?

Le passage qui suit est une partie du témoignage d'une journaliste de France Bleu Isère de l'époque, Kathleen Tourlonias, témoignage situé en fin d'ouvrage également. La journaliste raconte d'abord comment elle a connu et Marc Cécillon et l'un de ses partenaires au CSBJ, qui deviendra le père de son enfant. Puis :

« Dans l'ombre des périples sportifs des deux hommes, Chantal voyait grandir Angélique et Céline, et moi Erwann. Quelques bonnes troisièmes mi-temps qui s'éternisaient jusqu'aux aurores, voire sur deux jours, six jours… Comme lors de ce titre de champion de France groupe B en 1984, comme lors de toutes ces phases finales… Il y en eut tant ! Souvent envolés les oiseaux rares plongeaient leurs proches dans la détresse du silence ou de l'absence mais, en contrepartie, offraient tant d'émotions indélébiles que tout pouvait s'excuser. »

On mesure dans ces lignes ce qui paraît admis, intégré de la vie de ces hommes-là et, de fait, de celles qui, au quotidien, les accompagnent. « La détresse du silence ou de l'absence ». Puis : « tout pouvait s'excuser ». J'aurais aimé interroger Kathleen Tourlonias sur ces propos, voir, avec le recul, ce qu'elle pouvait en dire. Je l'ai sollicitée une première fois, au printemps 2018, elle a refusé de s'exprimer, comme elle avait refusé, m'expliqua-t-elle alors au téléphone, de s'exprimer lors des procès. Le deuxième contact a eu lieu en septembre 2019, pour l'avertir, cette fois, que je citais ce passage et dire combien j'aimerais en discuter. Deuxième refus. Dommage – d'autant plus dommage que j'aurais aimé, aussi, comprendre sa réserve.

Le 11 septembre 2018, on apprenait dans le journal catalan *L'Indépendant* que Marc Cécillon venait d'être condamné à douze mois de prison dont six avec sursis et mise à l'épreuve pendant deux ans par le tribunal correctionnel de Perpignan pour « conduite en état d'ivresse, sans permis et à une vitesse excessive, violences par personne en état d'ivresse manifeste et vol ». Lors d'une soirée de fin de vendanges une dizaine de jours plus tôt, rapporte la journaliste, Marc Cécillon, ivre, était raccompagné par son patron. En chemin, il s'amusait à tirer sur le frein à main. Son patron le faisait descendre du véhicule, prévenait ses proches puis rentrait à la cave. Marc Cécillon y arrivait à pied, agacé, quelques instants plus tard. Il bousculait son patron (une journée d'ITT ; l'emploi du verbe bousculer est-il un euphémisme ?) et plusieurs ouvriers qui s'interposaient. Prenait sa voiture, percutait un 4 x 4 garé à côté, puis était interpellé par les forces de l'ordre alors qu'il roulait. Au juge, devant lequel il était présenté en comparution immédiate après quarante-huit heures de détention provisoire, Cécillon a concédé avoir un problème avec l'alcool et devoir se soigner. À cette même audience, son avocat a plaidé l'indulgence « pour cet homme qui a porté haut les couleurs de la France ». Toujours le même refrain, l'argument du demi-dieu.

Je reviens à *L'Homme tranquille*, l'hagiographie, page 129. Le passage est intitulé « Une distance respectable ». En voici l'avant-dernier paragraphe avec, entre parenthèses, mes remarques :

« À l'heure où le rugby se professionnalise, les médias ont pourtant besoin de fabriquer des héros modernes

(N'est-ce pas l'entreprise de ce livre ?). Combien d'internationaux sont tombés dans le piège d'une popularité taillée sur mesure au point de ne pouvoir la supporter. Combien sont aujourd'hui « grillés » par des opérations artificielles *(On aimerait savoir qui et que sont ces opérations artificielles)*. Marc, lui, a su imposer quelque chose qui existe de plus en plus rarement : une distance respectable. »

L'illusion est remarquable.

Légende (2)

En novembre 2006, au premier jour du premier procès, défilent à la barre quelques hautes personnalités du rugby français, Bernard Lapasset, président de la Fédération française de rugby, Serge Blanco, président de la Ligue nationale de rugby et ancien partenaire de Cécillon en équipe de France, Jo Maso, manager du quinze de France, pour brosser le portrait idyllique d'un « homme extraordinaire » (Blanco), « jamais sanctionné en quarante-six sélections internationales, capitaine exemplaire » (Lapasset, aux télévisions), un homme ni alcoolique ni violent, vous imaginez bien. Céline, en elle, bondit. Elle a envie de se lever, de leur jeter des chaises à la tête : « Mais taisez-vous, nom de Dieu ! Que connaissez-vous de Marc Cécillon quand il était chez lui ? Savez-vous qu'il cassait tout et nous insultait ? » Cela, c'est vrai, ils pouvaient l'ignorer. En revanche, ils ne pouvaient pas ne pas savoir pour le reste et, à ce titre, auraient mérité de se tenir ; ce que la décence réclamait. Car ces hommes, présidents d'institutions d'envergure, fins politiques, ancien joueur de légende, ni idiots ni aveugles, ne pouvaient pas ne pas avoir constaté le goût prononcé de Marc Cécillon pour les chopines. Ils ne pouvaient pas ne pas savoir le poing, capable d'assommer un cheval, qui pouvait partir à tout moment quand l'alcool coulait dans ses veines. Ils ne pouvaient pas ne pas avoir vu les groupies l'accompagner dans sa chambre d'hôtel ou ailleurs. Reconnaître tout cela, c'eût été admettre publiquement l'ordinaire de leur petit monde viril – la bringue, tu sais ce que c'est, m'a-t-on répondu à plusieurs reprises –, c'eût été ouvrir une porte sur ce qui se sait mais ne se dit pas, se recouvre d'un voile masquant dénommé troisième mi-temps, le rapport de cet univers mâle à l'alcool, la bagarre à l'occasion, au sexe et aux femmes, que Marc Cécillon, soudainement, avait porté à son extrême. C'eût été, finalement, reconnaître que le comportement de Cécillon se situait dans la norme de leur coterie – jusqu'à un certain point, et qu'au-delà de celui-ci, on fermait les yeux. C'était inavouable, quitte à user de la mauvaise foi. Et tant pis pour Chantal, tant pis pour ses filles, sa mère, ses frère et sœur, ses amis. Qu'on croisa, bien sûr, en regardant ses pieds.

Quel rôle se sont donné ces hommes ? Quelle part de responsabilité, même infime, ont-ils accepté d'assumer ; quelle résipiscence ont-ils formulée ? Le revolver, le fameux Taurus-Brasil 357 Magnum dont les balles ont percé la chair de Chantal, Marc Cécillon, c'est en tout cas la version officielle, l'a rapporté d'une tournée en Afrique du Sud, en juillet 1993. L'origine exacte, cadeau d'un commissaire pour certains, achat selon Cécillon, n'est pas élucidée et, au demeurant, on s'en moque. Mais l'arme est entrée sur le territoire français aussi facilement qu'une simple lettre. À l'époque, le quinze de France (seul le quinze de France ou toutes les délégations sportives ?) franchissait la douane comme on entre dans une boulangerie. Bernard Lapasset, président de la FFR, était haut fonctionnaire des douanes, faut-il y voir un lien ? À la sortie de l'audience à laquelle il venait de participer, interrogé, avec ironie j'imagine, sur la « belle » solidarité dont le monde du rugby avait fait preuve à l'égard du « grand gladiateur Marco », et cité dans *L'Équipe* du 7 novembre 2006 par le journaliste Jean-Christophe Collin, Lapasset répond : « Ce n'est pas cela. Moi, je suis juste venu le défendre, il a sa part d'ombre, je suis juste venu témoigner. » Et tant pis pour les parties civiles.

Le monde du rugby, ce ne sont pas que les grandes figures, le prestige et l'équipe de France. Le monde du rugby, c'est aussi Bourgoin, c'est aussi Beaurepaire (où Cécillon a fini sa carrière en tant qu'entraîneur joueur, de 1999 à 2002). C'est un terroir. Un clan. Le même clan, qui s'unit à l'autre, plus illustre. Et ce clan, ce rugby tout entier, fait corps autour de son Marco, avec sa famille à lui, la famille Cécillon, et organise le silence. Il n'y a qu'à voir la répartition sur les bancs, dans la salle du tribunal, tous de son côté, derrière sa famille et ses avocats. Au premier procès, Céline n'en revient pas. Ils n'ont d'yeux et d'attention que pour ce type, là, toujours aussi massif quoiqu'un peu vieilli, qui rentre dans son box tête baissée, les yeux sur ses godasses. Elle ne l'a pas vu depuis plus de deux ans, elle ne voit plus en lui que le meurtrier, le meurtrier de sa mère, elle en pleure, en elle, des courants contraires s'affrontent, tant de chagrin se déverse, une digue lâche, et eux, cet aréopage, ils courent l'embrasser, comme à la *belle* époque, sur le terrain. Aucun n'est venu lui demander, à elle, comment elle allait. Elle se sent, dit-elle, comme une pestiférée, dans son coin. Marinette partage le même sentiment.

Puis c'est son tour de témoigner. C'est irréel, éprouvant, elle n'a que vingt-quatre ans, c'est irréel, oui, cette semaine au tribunal, il y a les rafales de photos à chaque arrivée, à chaque sortie d'audience, les flashs en pleine figure, les journalistes qui la poursuivent jusqu'aux toilettes en l'assommant de questions, il y a tous ces gens, assis là derrière elle quand elle se lève pour aller à la barre et qui vont l'écouter. Mais elle est authentique. Droite et dure. Elle ne pardonne pas, ne pardonnera jamais – qui pardonnerait ? Elle se lève, regagne sa place et voit les regards du clan, tous ces regards braqués sur elle et qui disent, ressent-elle, tu lui en as mis un sacré coup à ton père.

Ont-ils oublié, déjà ? Ne réalisent-ils pas ? Mince, le flingue est là, dans la vitrine des pièces à conviction. Tout le déroulé de la soirée a été exposé. La violence, l'acharnement, tant de détails qu'elle a découverts ce jour même, dans le cadre intimidant de cette cour d'assises, parce qu'ils ne lui avaient pas été donnés avant. Et puis, il y a une absence, immense, criante, ne la sentent-ils pas ? Sont-ils à ce point inhumains pour, deux ans après les faits seulement, avoir oublié Chantal ? Un trouble l'envahit. On accorde trop d'attention à la mauvaise personne, dans ce tribunal. Le jour du verdict, le vendredi, après cinq journées d'épreuve, c'est une sorte de délivrance – la fin de tout ce cirque éreintant et de beaucoup de souffrance. Marc Cécillon, reconnu coupable d'assassinat, a pris vingt ans, plus que les quinze requis. Il va repartir en prison, menotté, et pour un moment. Alors, stupéfaction, tous se précipitent vers lui, tous, le fameux clan, ils l'entourent, le serrent dans leurs bras, lui penché depuis son box. « Allez, leur souffle à cet instant, à Angélique et Céline, un ami proche de Cécillon, allez embrasser votre père. » Pardon ? Angélique se lève et, en larmes, se pend au cou de son père. Céline, elle, reste immobile. Stoïque. « Vite, tu vas le louper », ajoute le type. Il est fou, lui, pense-t-elle en le fusillant du regard.

Voilà qui révèle un cadre, une langue. Un mode de pensée. On pourrait presque dire un climat de propagande, que le clan s'est ingénié à instiller jusque dans la tête d'Angélique, vingt-six ans à l'époque. « Certaines personnes, se souvient Céline, ont embobiné la sœur, une femme notamment », qui lui soufflait ce qu'il fallait dire, et Angélique, influençable, plus proche de son père que Céline depuis toujours, certainement moins sûre de ce qu'elle ressent, tombe dans le panneau. Elle tourne le dos physiquement à sa sœur et sa grand-mère. Dans la salle à manger de Céline, Marinette mime l'attitude d'Angélique, sur son siège au tribunal. À l'époque, la grand-mère sent le coup fourré. Angélique a toujours été plus proche de son père, c'est vrai, « mais tout de même, quand il arrive des coups comme ça ». À une interruption de séance, elle s'en va, Marinette, questionner cette fameuse femme qui tourne autour d'Angélique : « Qu'avez-vous dit à ma petite-fille pour qu'elle me tourne le dos et me fasse la tête ? » lui demande-t-elle. Sans surprise, la femme se débine. Mais le poison a fait son œuvre.

Quatrième jour du procès, veille des plaidoiries et du verdict, Marc Cécillon est de nouveau interrogé par l'avocate générale, par le président du tribunal, qui le submergent de pourquoi, et par son avocat, maître Zelmati, qui tente de parer les coups. Celui-ci demande à son client :

« Si Chantal s'était levée et avait accepté de rentrer avec vous ?

— Eh bien, répond Cécillon, on serait rentrés, c'est tout. »

À ce moment, Angélique demande la parole, que, fait assez exceptionnel, le président lui accorde. « Je ne pense pas que mon père avait prévu de tuer ma mère, sanglote-t-elle au micro. [...] Je pense qu'aujourd'hui il est déjà puni. »

Le coup est manqué (il fonctionnera en appel, appuyé par la verve de l'avocat Éric Dupond-Moretti). Les douze jurés retiennent la préméditation. Mais il y a, dans l'air, renforcée par ces paroles d'une des filles de la victime faisant, par ses mots, du meurtrier une victime à son tour, comme une indulgence.

Et cette indulgence nourrit l'inconscience.

Cette indulgence produit l'indécence.

Même au boulot, raconte Céline, les années qui suivent, on lui demande des nouvelles de son père. « Lui, ça doit aller, en revanche, ma mère, elle est six pieds sous terre », finit-elle par répondre pour couper court. À force, les gens comprennent, ils se passent le mot, les questions cessent. Mais on croit rêver. À l'aéroport, plus récemment, un douanier relève le nom : « Cécillon, demande-t-il, c'est la famille de Marc Cécillon ? » L'intrusion permanente. Les badauds, dans leur inconscience banalisée, font des victimes les témoins de la tragédie, peut-être même des animaux de foire, à voir en chair et en os, à reconnaître dans la rue, au restaurant. Il n'y a pas de pudeur, aucune retenue.

Voilà ce que produit le silence.

Voilà le legs de Marc Cécillon.

Et la peine dure.

Comment, dans ces conditions, le deuil, déjà difficile, peut-il s'accomplir ?

La tragédie de l'assassin

Il lui faut quand même de l'aplomb, à la gamine, pour soutenir la pression du clan d'en face. Est-ce au premier procès ou au second, probablement au second au cours duquel elle ne ménage pas son père, elle ne sait plus bien, en revanche, elle se souvient, Céline, et du regard et des paroles de sa grand-mère paternelle, Solange Cécillon, et d'une de ses tantes, lors d'une interruption de séance, après qu'elle a une nouvelle fois, à la barre, bien campée sur ses deux jambes, manifesté toute sa sévérité. « Tu es contente de ce que tu as fait ? » s'entend-elle demander. On croit rêver – oui, encore. À Nîmes, l'expérience se répète. La défense trouve tant qu'elle peut des circonstances atténuantes au criminel et lorsqu'elle, Céline, la fille du tueur, la fille de Chantal, percée, faudrait-il le rappeler, de quatre balles de 357 Magnum tirées à bout portant en visant le ventre, renvoie à la face de son père la réalité de son geste et de ses conséquences, il lui faut revivre le sentiment inconfortable, diffus mais tenace, d'être tout autant accusée que l'accusé, qu'on tente, sent-elle, de défausser. « Regarde-moi », intime-t-elle à son père. Il est assis à trois mètres d'elle. « Comment as-tu pu nous faire cela ? Ma mère, je la pleure tous les jours. Tu as peut-être oublié mais pas nous. » Marc Cécillon, la main sur le cœur, ouvre la bouche mais rien ne sort. Son mutisme, toujours. Sa défense parle donc à sa place. Et là, ce n'est plus du silence mais un vacarme. Et ce vacarme, comme un philtre, subjugue.

Éric Dupond-Moretti, le pénaliste réputé, vedette des prétoires, devenu en juillet 2020 garde des Sceaux, a pris les affaires en main.

C'est par les réseaux nordistes d'un ancien partenaire de Cécillon à Bourgoin que l'avocat, lui aussi originaire du nord de la France, a été approché, me dit-on. Le clan joue son rôle. Dupond-Moretti, lui, veut faire oublier le grand joueur pour que soit jugé l'homme ordinaire, il faut évacuer le héros et son obligation de rester exemplaire, se débarrasser soudain de la légende qui joue contre eux et en écrire une autre, susciter la pitié. Alors il rabâche, hors audience, à tous les micros qui se tendent, son fameux « la cour d'assises, ce n'est pas le Stade de France » (où, soit dit en passant, Cécillon n'a jamais joué). Les éléments de langage font leur œuvre. Ils recouvrent le reste.

Et quand Huguette témoigne, Huguette dont on fera la connaissance un peu plus loin, Huguette qui connaît Chantal depuis le pensionnat, à quatorze ans, Huguette qui a appris le meurtre de son amie à la radio alors qu'elle rentrait chez elle, en voiture, et s'est arrêtée sur le bas-côté pour hurler sa détresse, ce qu'elle dit, Huguette, ne doit pas être entendu. Ce qu'elle dit ? Ce qu'elle me raconte à nouveau, ce qu'elle avait déjà dit à Grenoble deux ans plus tôt. Elle rapporte les confidences de son amie, faites lors du dernier anniversaire qu'elles fêteront toutes les deux (elles sont nées le même jour), en novembre 2003.

Le 30 novembre de cette année-là, elles dînent en tête à tête, à Bourgoin, et Chantal est défaite. Physiquement. Moralement. Elle a peur de Marc. Quand il rentre, saoul, elle s'enferme à clé dans sa chambre. Mais ça ne suffit pas. S'il veut faire ses affaires, comme Huguette le formule avec pudeur, Chantal ne peut pas toujours le lui refuser, ne peut pas toujours résister, oui, à la fin, affirme Huguette, ce sont des rapports forcés. À ces mots, dans la salle du tribunal de Nîmes, Cécillon, d'ordinaire placide, se serait alors levé pour apostropher Huguette, lui disant qu'elle n'était pas là pour voir, qu'elle oubliait tous les bons moments qu'ils avaient passés ensemble. Mais est-on là pour conter les bons moments ? Ces bons moments, l'amitié qui, c'est vrai, a bel et bien existé, peuvent-ils effacer l'horreur ? Ne serait-ce que l'atténuer ? Ce soir de novembre 2003, Chantal lui dit, à Huguette : « Je suis pourrie de l'intérieur, avec toutes les maladies qu'il m'a refilées », raison pour laquelle elle exigeait désormais l'usage de préservatifs. Mais l'avocat Dupond-Moretti joue son rôle. Il met Huguette plus bas que terre, se rappelle-t-elle, il lui dit carrément qu'elle ment. Là, devant tout le monde, en pleine cour d'assises. Il est question de la mémoire de son amie, de la mort de son amie et de qui était vraiment son bourreau, le tribunal, les souvenirs, la peine qui ressurgit puissance dix, c'est déjà la pire épreuve de sa vie et voilà qu'elle se fait traîner dans la boue. C'est l'horreur, vraiment – et l'avocat des parties civiles, trop tendre, trop en retenue, dominé peut-être, ne pipe mot.

Je n'ai aucun souvenir d'avoir lu, à l'époque, ce témoignage d'Huguette dans les journaux – peut-être, d'ailleurs, m'aurait-il interpellé. Je vérifie, rien des propos d'Huguette ni de la scène, Cécillon la prenant à partie en pleine cour, n'a été rapporté. Ni dans mes archives, ni dans les dépêches AFP de l'époque, que j'ai toutes pourtant. Je m'en entretiens avec le confrère de l'Agence France Presse, qui a couvert le deuxième procès. « Il suffit que ce témoignage ait eu lieu en fin de journée quand moi comme les autres journalistes nous écrivions nos papiers, m'explique-t-il, et aucun de nous n'y a assisté. » Huguette confirme. L'attente interminable dans une pièce où elle est seule, sans rien savoir des débats. Elle voit juste l'heure tourner et puis, soudain, c'est à elle. Il doit être 21 heures ou 21 h 30 (à cette heure, les articles sont envoyés depuis longtemps). Un gendarme l'accompagne, la porte s'ouvre, la lumière est éblouissante, et puis il y a tous ces regards, c'est la fosse aux lions…

Au contraire du témoignage d'Huguette, les paroles d'Angélique sont, elles, à lire partout. La position de l'aînée des deux sœurs fascine, et pour cause. « Je ne peux pas défendre ce qu'il a fait mais je l'aime, explique-t-elle à la barre et sous le nez, ahuri, de Céline, de Marinette et d'Huguette. Il reste mon père, poursuit Angélique. Il s'est puni tout seul. Il est puni jusqu'à la fin de ses jours. J'ai un petit garçon, je voudrais qu'un jour il fasse des activités avec son grand-père. Car c'est important, ses grands-parents. Même si je ne lui pardonne pas. Mais on a toujours besoin de ses parents. » C'est à peine croyable ces parents et grands-parents au pluriel alors que l'un des deux a été éliminé par l'autre ; et elle, n'a-t-elle pas *toujours* besoin de *ses* parents ? Personne ne relève la confusion palpable ni les paradoxes, et surtout pas les médias qui s'empressent de reproduire ces paroles déchirantes d'amour et d'humanité. Elle met la larme à l'œil, Angélique, elle introduit le doute dans l'esprit des jurés.

Dupond-Moretti finit le travail par une plaidoirie restée célèbre. « Il nous a vendu du rêve », dit Céline à sa manière, qui, alors, sur son siège, n'en croit pas ses oreilles. Sa mère a été tuée mais, grand numéro de prestidigitation, l'histoire est devenue la tragédie de son assassin. Rendre le meurtre compréhensible pour, ensuite, c'est en tout cas le but, le rendre excusable.

Je reproduis ici les extraits les plus parlants de cette plaidoirie, que j'avais lue dans son intégralité sur le blog de la journaliste du *Monde* Pascale Robert-Diard et qui a été publiée dans le livre *Les Grandes Plaidoiries des ténors du barreau*[1].

« [...] Le héros a une obligation, celle de ne pas tomber. Parce que, s'il tombe, il prend des coups de pied. Cécillon n'a pas su préparer sa reconversion de sportif, il n'a pas compris les attentes de sa femme et de ses proches. Rongé par la dépression, il s'est réfugié dans l'alcool.

Moi, Marc, quand je regarde votre vie, j'ai envie de dire : putain, que c'est triste ! Que c'est illusoire ! Mais c'est comme ça. Il y a eu la notoriété, les faux amis, ces promesses de la nuit qui ne voient pas le jour, l'argent facile, les filles. C'est peut-être moralement contestable, mais c'est humain, très humain. Et puis, il y a l'alcool, la fameuse troisième mi-temps. Mais comme dit Blondin : "On boit à plusieurs mais on est saoul tout seul." Alors lui, ce gros bourdaud *(sic)*, il ne sait pas lui parler à sa femme, il ne l'écoute pas, sa belle-mère. Il préfère les copains. Et il va au bistrot. Et c'est un pastaga, deux pastagas, trois pastagas et après, il rentre tout seul chez lui

1. *Les Grandes Plaidoiries des ténors du barreau,* Matthieu Aron, Éditions Jacob Duvernet, 2010.

comme un connaud. Oui, il traite sa femme de “merde”, mais parce qu'il pense qu'il est devenu une merde lui-même. Quand on ne se respecte plus, on ne peut pas respecter les autres.

Évidemment que Chantal a peur de lui. Évidemment aussi, qu'il ne s'en est pas rendu compte parce que, pour Cécillon, à moins d'un coup de boule, il n'y a pas de violence.

[...]

Comment quelqu'un qui ne dispose pas de son entier discernement peut-il accomplir un acte prémédité ?

[...]

Il a des circonstances atténuantes, Marc Cécillon. La première, c'est que ce n'est pas une crapule. [...] La deuxième, c'est que le crime n'est pas un crime crapuleux, mais un crime passionnel. [...] La troisième circonstance atténuante, c'est sa dépression. Mais il la soigne au pastis, lui ! Ah, bien sûr, on peut lui reprocher de ne pas être allé voir un psy ! Mais vous l'imaginez, vous, cette bestiasse, aller voir un psy pour lui dire qu'il est devenu une merde ?

Marc Cécillon, il faut qu'il comprenne qu'il a été jugé comme un type ordinaire, descendu de l'Olympe, qui nous ressemble. [...] »

Je ressens comme un malaise. À l'époque, j'ai pris, je l'ai dit, ce qui était dit dans les journaux. Pris, admis, absorbé. La plaidoirie dont je n'avais alors lu que quelques extraits m'était apparue, oui, sensée. Pascale Robert-Diard, l'excellente chroniqueuse judiciaire du *Monde*, l'a qualifiée dans les colonnes du quotidien du soir, au lendemain du second verdict, de violemment humaniste. Je ne sais pas. À la relecture, et du point de vue où je me situe désormais, quelque chose me dérange. Qu'on débatte de la préméditation, du discernement au moment des faits, avis des experts psy à l'appui, c'est, disons, technique, judiciaire, dépassionné, logique, c'est le travail de l'institution, de la cour, des avocats, la raison d'être du procès. Éric Dupond-Moretti a d'ailleurs logiquement appuyé sur ce point lors de sa plaidoirie, en s'adressant aux parties civiles pour leur dire qu'un assassinat est un projet froid et réfléchi, puis en demandant qui, des jurés, pouvait affirmer qu'alcoolisé comme il l'était le soir du drame, Marc Cécillon n'était pas sous l'empire d'une passion quand il est reparti chercher son arme, en interrogeant enfin comment un être ne disposant pas de son entier discernement pouvait accomplir un acte prémédité. Mais pourquoi devrait-on dissocier l'homme du dieu du stade alors que dieu du stade il a été au moins tout autant qu'homme, sinon plus ? Les deux se confondent. Les deux sont consubstantiels – comme l'acte meurtrier est consubstantiel de l'histoire globale de son auteur.

Les dissocier, c'est écarter la condition de dieu du stade totalement constitutive de l'identité de cet homme, sur laquelle, illusion peut-être mais c'est un fait, il avait jusque-là construit toute sa vie d'adulte et dont il joua ; c'est écarter, par conséquent, le cœur de l'existence de cet homme, qui fut, par ricochet, le cœur de l'existence de son épouse, abattue par l'homme en question notamment parce qu'elle ne lui reconnaissait plus ce statut. D'ailleurs, n'est-ce pas parce que Marc Cécillon était ce qu'il était, une bestiasse qui cassait tout sur les terrains (et dans les bars), que Dupond-Moretti rend normal, dans cette plaidoirie, qu'il ne se soit pas rendu compte qu'il faisait peur à sa femme ou qu'il ne pouvait pas consulter un psy pour lui dire qu'il était devenu une merde ? Il y a comme, je trouve, une déresponsabilisation du coupable, un aveu de son inconsistance qui, bizarrement – ou talent de l'avocat –, le sert au lieu de lui être reproché.

La stratégie, appuyée par un langage courant, familier, voire vulgaire – stratégie assumée de l'avocat – a fonctionné. Le mercredi 3 décembre 2008, quand après moins de deux heures de délibéré, le verdict tombe, la préméditation a sauté. La peine est ramenée à quatorze ans pour le meurtre de Chantal et non plus pour son assassinat, comme il avait été qualifié en première instance. Cette fois, c'est Céline qui garde le silence. Elle ne comprend pas. Comment la préméditation peut-elle avoir été levée ? Pour elle, c'est sa mère Chantal qu'on assassine une seconde fois. Des rangs de l'accusé, un seul être s'approche. C'est Éric Dupond-Moretti. Celui qui, dans un sens, avait le moins de raisons de le faire, à moins qu'il ne soit payé pour cela aussi. Et il s'excuse, se souvient Céline, leur explique, en quelques mots, qu'il n'y avait rien contre elles, que c'était un procès, voilà, et qu'il a juste fait son travail. Faut-il en déduire qu'il avait conscience du caractère, disons, malheureux de sa stratégie et de sa plaidoirie, lui qui avait reconnu, devant une caméra de télévision (images diffusées dans *Crime passionnel – en quête de justice* sur France 2 le 12 novembre 2009), que « oui, techniquement il y avait préméditation » ?

En juillet 2011, après moins de sept années de prison, Marc Cécillon est libéré sous conditions pour conduite exemplaire. Il quitte la centrale de Muret, près de Toulouse, où il avait été transféré en cours de peine (centrale où est assurée une activité rugby, certains de ses anciens partenaires en équipe de France s'y étaient d'ailleurs rendus pour jouer un match contre lui et son équipe de la prison, cela avait fait l'objet d'un reportage à la télévision). À peine dehors, il se rend à Collioure, sur la côte catalane, où la famille possède un studio. Il s'y installe. Entame une nouvelle vie, avec une nouvelle compagne, sa visiteuse de prison, qui ressemble comme deux gouttes d'eau à Chantal, même format ; le choc, pour Céline.

Les deux avocats des parties civiles avaient, le 3 décembre 2008, à Nîmes, demandé à la cour et aux jurés de retenir la préméditation « car, expliquaient-ils alors, il ne peut y avoir de suite pour Marc Cécillon aussi longtemps qu'il n'a pas entendu, admis, compris sa part de responsabilité ». Manqué. L'homicide conjugal est redevenu un crime passionnel avec, inclus dans l'acception, l'admission du surgissement meurtrier inexpliqué et, implicitement, parce que, croit-on, il est question d'amour, toute l'indulgence qu'on lui attribue.

Le verdict, les circonstances atténuantes avancées et tout le voile posé sur le côté sombre du coupable, balayé, justement, par les circonstances atténuantes, gagnent les esprits. Enfument le discernement.

Petit soldat de l'illusion

Une amie qui me relit tire de sa mémoire des conversations, ce que j'ai pu lui confier de mon désenchantement au sujet du journalisme. Elle me connaît depuis trente-cinq ans, elle ose : « Te repens-tu, toi ? Demandes-tu pardon d'avoir participé à la mise en scène, à la "starisation" de rugbymen, à mettre ces joueurs sur un piédestal ? » De m'être, en d'autres termes, laissé prendre par l'illusion et d'en avoir été un artisan. La question m'impose une halte et de me regarder à mon tour dans un miroir pour tenter de voir plus loin que le halo de mes phares.

L'illusion, pas nécessairement celle d'un Cécillon héros mais celle, plus large, des grands hommes parce que grands joueurs, que puis-je en dire ? Illusion de savoir qui ils sont parce que, journaliste, on les côtoie, on les voit évoluer, on interroge tout autour d'eux alors que, le plus souvent, on en sait peu – une petite partie émergée de l'iceberg tout au plus. Cela ne nous empêche pas, bien au contraire, d'en faire des héros, étymologiquement des demi-dieux (*heros*, en grec), et particulièrement dans le rugby, sport de combat collectif où l'on tombe facilement dans la louange du sens du sacrifice, de celui de l'honneur, de l'abnégation au combat, du dépassement de la souffrance physique ou morale, toutes ces qualités attribuées jadis aux héros des récits légendaires antiques puis aux militaires méritants. Je dis « facilement » parce que les sportifs, contrairement aux militaires, ne mettent pas leur vie en jeu ; dans ces conditions, il peut être facile de se montrer courageux. Je dis « facilement », aussi, parce que c'est la belle image à laquelle tout le monde veut croire – le sportif vertueux et seulement vertueux, celui, exemplaire, que l'on promeut dans les journaux.

J'ai participé à cette mise en scène. Malgré les garde-fous. J'ai vite su, bien sûr, qu'un joueur que je pouvais admirer sur un terrain n'était pas nécessairement l'extension d'un homme tout aussi admirable, le propos pouvait suffire à le comprendre, la qualité de sa réflexion, des attitudes, son parcours. J'ai, pourtant, comme tous mes confrères, et sans en maîtriser la portée, sélectionné des détails signifiants, comme on les nomme dans les écoles de journalisme, pour consolider un propos qui visait, la plupart du temps, à exposer ou expliciter un talent, tout ce qui peut faire d'un homme, en somme, un être singulier et proche de nous à la fois. Dans le cas d'un sportif, on glisse qu'il détient un diplôme d'ingénieur ou de science politique, qu'il lit quotidiennement le journal *Le Monde*, qu'il est bouddhiste, qu'il aide les vieilles dames à traverser la rue, ça n'explique pas pourquoi il est bon dans sa discipline mais ça en dit sur lui, n'est-ce pas.

À l'inverse, jamais on n'écrira, si on le sait, qu'il est raciste, franchement stupide, qu'il trompe sa femme ou gifle ses enfants parce que, soudain, c'est sa vie privée, cela ne regarde que lui et, à publier de telles informations à caractère diffamatoire, on perdrait de toute façon la relation à lui. Il y a, donc, en coulisses, une petite cuisine qui ne se dit pas, les sentiments, les doutes, les impressions (tout ce que je me suis permis de dire, par exemple, sur Céline au début de ce livre), qui se dit rarement en tout cas, surtout quand les éléments recueillis ne contribuent pas à donner *la* bonne image du personnage. Bonjour le biais – je caricature à peine, je suis même pour le cas qui nous intéresse au-dessous de la réalité.

J'ai donc été, même en pensant bien faire, un petit soldat de l'illusion. Quoi que l'on puisse m'opposer de la responsabilité des lecteurs, majeurs et vaccinés, qui croient ce qu'ils ont envie de croire ou du milieu traité, léger, plus léger que d'autres en tout cas, le sport. L'histoire que je raconte ici le montre, il peut toujours y avoir des conséquences. Je dois ajouter un sentiment coupable d'avoir contribué, en restant focalisé sur l'actualité, happé pour ainsi dire par une forme de storytelling, à quelque chose de plus grand, une machinerie infernale, un immense cirque que seul du temps et, souvent, le recul historique donnent les moyens d'analyser vraiment, comme une tromperie tentaculaire qui, pour être suivie et vécue dans l'instant, impose de mettre de côté les questions fondamentales du sens de la vie. Je règle donc probablement ici mes comptes, comme j'ai pu tenter de le faire, dans le passé, par d'autres écrits, avec une partie de moi, avec ce que j'ai été et ce que j'aurais voulu être. L'homme que je suis aujourd'hui aurait aimé être un journaliste capable de percer dès 2004, 2006 ou 2008 le silence qui, déjà, étouffait le drame de la mort de Chantal.

Crime d'orgueil

Il y a ce que la mémoire retient. La mémoire individuelle, la mémoire collective, qui, réunies, finissent par former l'histoire, celle avec un grand H. Et puis il y a, derrière cette vérité, souvent arrangée, à majuscule, ce qui aurait pu et dû être dit et, dans notre affaire, ce que j'aurais donc aimé saisir plus tôt : le crime d'orgueil, l'acte d'un homme qui, avant toute autre explication, n'a pas supporté l'émancipation de son épouse et a réglé de la manière la plus barbare ce qui, en lui, était invivable. Le psychiatre et criminologue belge Étienne de Greeff exposait dès 1942, dans *Amour et crimes par amour*[1] :

« L'expérience nous apprend que les suicides et homicides par amour ne relèvent nullement de l'intensité de

1. *Amour et crimes par amour,* Étienne de Greeff, Éditions Mardaga, 1973 et 2022.

l'amour, ni de la qualité inouïe de la passion, mais uniquement d'insuffisances graves dans la personnalité du coupable. »

L'amour déçu, le drame de la reconversion manquée, la dépendance à la boisson et les mauvaises fréquentations, la folie meurtrière passagère viennent donc, dans un second temps et seulement, clarifier le contexte. Il faut, bien sûr, du recul pour l'entendre et ne pas se laisser attendrir par les déclarations d'un Marc Cécillon *fou* d'amour pour Chantal, confiant à la cour : « J'ai toujours aimé ma femme, je l'aime encore. » Tenir les émotions et l'affect à distance. Pas facile, surtout quand on est un ou une proche de Cécillon. La sauvagerie du crime et les braillements de son auteur, les « je l'ai tuée parce que je l'aime » ou « je ne l'ai pas tuée, c'est ça l'amour », vociférés alors que les coups de feu faisaient encore siffler les oreilles de la soixantaine de convives, que Chantal gisait là, inerte et ensanglantée, et qu'il était, Cécillon, ligoté par une corde et un câble de batterie, maintenu au sol, face contre terre, par une chaise sur laquelle quelqu'un était assis, auraient pourtant dû – enfin et définitivement – ouvrir l'œil critique de tout le monde.

Il y a d'ailleurs eu un temps de détournement, la tribune du stade de Bourgoin portant son nom débaptisée illico par exemple. « Un demi-tour droite », comme l'a imagé un journaliste cité anonymement dans *L'Équipe Magazine* du 19 mars 2005. « Les gens ont tous déversé leur fiel contre lui, ont dit tout ce qu'ils n'avaient pas osé dire avant… Comme ça, ils ont eu le sentiment du devoir accompli avant de se taire et de tenter d'oublier. » Le temps d'absorber le choc, probablement, comme, sur un terrain, on digère un impact. Ça n'a pas duré. Surviendront ensuite un silence cadenassé et/ou les élans de soutien, supposément humanistes, pour un homme forcément victime de ses démons comme si ceux-ci n'étaient pas partie intégrante de lui-même. Et, dans ces esprits, dans ces discours, la victime, la vraie, la principale, Chantal, ne deviendra plus alors que le dégât collatéral d'une vie de pulsions non contenues, de pulsions exigeant sans cesse satisfaction et satisfaites, jusqu'à la pire, la pulsion de mort – cette mort ne devenant, non pas ce qu'elle est pourtant, la fin de vie d'un être, mais un fait, un acte dans l'existence de celui qui l'a donnée, un acte qui n'aurait, les années passant, plus aucune conséquence sur son auteur.

En perdant Chantal, Marc Cécillon perdait-il l'objet de son amour ? Ou, vu autrement, perdait-il la source d'amour extérieur qu'il avait besoin de recevoir ? « La perte serait celle d'un objet dont la fonction est d'incarner le narcissisme à l'extérieur, [...] de pallier la carence d'investissement du sujet par lui-même », expliquait en 1997, dans un article publié par la revue *Perspectives Psy*[1], le psychiatre et expert judiciaire Daniel Zagury à propos du type d'auteur d'homicide conjugal qu'il dénomme « Avec elle j'ai tout perdu ». Chantal partie, l'édifice s'écroulait complètement. Je dis complètement car, c'est la particularité du cas Cécillon, il s'était déjà écroulé en partie (c'est le contexte), avec l'arrêt de la carrière de rugbyman de haut niveau, en 1999, et la perte du statut qu'elle lui avait conféré, la perte donc de ce qui, à l'extérieur, nourrissait à hautes doses son narcissisme. Et c'est sur ce premier effondrement que les regards et les analyses sont restés focalisés, réduisant le meurtre de Chantal à la manifestation d'une frustration de plus, venue s'ajouter à la reconversion manquée, à une existence désormais vide de sens, vide comblé par les tournées dans les bars ou chez les copains. Or le

1. N° 1, volume 36 (janvier-février 1997), pp. 35-41.

départ de Chantal *est* l'affront principal qui déclenche l'acte meurtrier. Zagury l'écrit, soudain, « elle prétendait mener sa vie propre, dévoilant sa scandaleuse altérité, précipitant la menace d'effondrement ». Celle qui, ainsi, avait supporté l'insupportable, en substance, disait à Marc Cécillon : je ne crois plus à ta légende et n'accepte plus de contribuer à te faire croire qu'elle existe en tolérant tous tes excès.

L'image renvoyée est alors déplorable, la dernière illusion s'envole. Cécillon, peut-on présumer, se voit lâche, et alcoolique, et infidèle, et agressif et violent, à chercher, dans le lit de courtisanes cajoleuses et faciles, gratifications immédiates et réconfort, et dans ses beuveries l'oubli, les abysses ou, qui sait, le courage de tirer – mais sur qui ? Certains, dans son cas, se donnent la mort, tant la souffrance est aiguë. D'autres suppriment l'objet de l'affront, le miroir qui, soudainement, se retourne contre eux. Marc Cécillon a eu beau dire, lors du premier procès, et en contradiction avec les propos qu'il avait tenus au juge d'instruction : « Je ne sais pas pourquoi je suis rentré chercher cette arme, je pense que c'était pour me mettre une balle dans la tête, c'est ce que j'aurais dû faire », il a tiré sur Chantal et non sur lui-même, a ainsi tué l'étayage qui l'avait soutenu pendant vingt-cinq ans, premier témoin, et c'était certainement insoutenable pour lui, de sa déchéance. Il est, comme l'a écrit le chroniqueur judiciaire du *Figaro* Stéphane Durand-Souffland dans son article « Cécillon, une dérive sous le sceau du silence » du 7 novembre 2006, « un géant minuscule qui a tué sa femme sans comprendre qu'elle était la plus belle chance de sa vie ».

On pourrait aller plus loin. Creuser le profil psychologique, avancer, en reprenant les termes de Daniel Zagury, que « le drame qui se joue autour de l'unicité fait écho à la relation maternelle primaire, souvent marquée de traumatismes désorganisateurs ». On pourrait ainsi tenter d'approfondir le « doute identitaire originel », évoqué au procès par l'un des experts psychiatres, d'un être qu'on voyait si fort mais qui avait surtout peur de n'être rien, dont il dit : « Il y a eu chez lui un temps de haute insécurité, son enfance, un temps des mirages, la haute compétition, et un temps de la disparition des mirages. » Puis : « Il ne pense pas que l'on puisse s'intéresser à lui puisqu'il n'est rien… Il est au-delà de la dépression. Il est dans la néantisation. » Et c'est donc pour « éviter d'être néantisé » qu'il a

« détruit l'acteur de sa néantisation ». Il y aurait là une piste à suivre. Mais le terrain est glissant. Je ne dispose d'aucune information sur l'enfance de Marc Cécillon et, contrairement à son homologue américaine qui fouille sans limites puis interprète sans gêne le passé des accusés comme celui des victimes, la justice française, dans le cas du meurtre de Chantal par son mari en tout cas, ne s'est pas attardé sur l'enfance, la jeunesse et l'environnement familial de Marc Cécillon – deuxième de sa fratrie parmi trois filles – où tout, selon le récit qui en fut fait, roulait. Et les portes se ferment. L'un des experts est décédé en 2017. Le psychologue, qui avait lui aussi expertisé Cécillon pendant son incarcération, annule notre rendez-vous puis disparaît. L'accès au dossier d'instruction dans lequel figurent les rapports complets m'est refusé. L'avocat des parties civiles me refuse lui aussi son concours. Le juge Vincent a décliné ma demande d'interview quelques semaines plus tôt.

J'ai finalement au téléphone l'un des psychiatres ayant expertisé Cécillon. Nous sommes en février 2018. À cette époque, je creuse encore mon idée de fiction. J'ai laissé un message à son secrétariat et, miracle, il me rappelle presque dans la foulée. Je n'ai pas le temps d'enclencher mon dictaphone. Je prends des notes. Le coup de fil va durer moins de dix minutes et me déstabiliser plus que m'éclairer (j'ai marqué 9'43'' dans mon cahier, ça m'a semblé très court, pour une interview c'est pourtant déjà long). Le psychiatre me parle d'un petit garçon réalisant, en devenant un grand joueur de rugby, le rêve de son papa. Instantanément, je repense à un portrait de Cécillon réalisé par France 3 Alpes en octobre 1992 dont la première séquence est consacrée à son père Louis, joueur de Saint-Savin lui aussi (c'est là qu'a débuté Marc), surnommé « le grand » et, dit le commentaire, « à Saint-Savin, "le grand" ne pouvait qu'engendrer un autre grand ». Ce docteur me parle d'un adolescent de quarante ans, à la passivité de bienheureux ; « joue et tais-toi », image-t-il. Bon. Je l'interroge sur le passage à l'acte et sur l'acte en lui-même, un meurtre à coups de revolver. « Il a été blessé devant ses amis, me répond le psychiatre, à cette période il est en pleine perte de repères et il a picolé un coup. Il y a suffisamment d'éléments pour expliquer qu'on puisse faire une connerie. » Commettre un meurtre, quoi. Dans pareil cas, tout le monde ne tue pas sa femme. La psychiatre Marie-France Hirigoyen affirme d'ailleurs, dans son ouvrage *Femmes sous emprise, les ressorts de la violence dans le couple*[1] :

« Ce n'est pas l'alcool qui provoque directement la violence, il permet seulement la libéralisation de la tension interne jusque-là contenue, en créant un sentiment de toute-puissance. L'alcoolisation ne doit pas être synonyme de déresponsabilisation. »

Je suis désarçonné. Je trouve l'explication légère – le psychiatre ne cessait de répéter, « après c'est l'imagination du romancier qui fait le travail », peut-être l'idée de la fiction que je lui avais exposée l'a-t-elle entraîné vers cette légèreté. Il m'affirme, pour finir, que Cécillon a compris son geste plus tard, acquérant de la maturité en prison. Qu'en sait-il ?

Quatrième jour du procès de Grenoble, en 2006 :

« Si Chantal s'était levée et avait accepté de rentrer avec vous ? demande maître Zelmati.

— Eh bien, répond tranquillement Cécillon, on serait rentrés, c'est tout. »

1. *Femmes sous emprise, les ressorts de la violence dans le couple*, Marie-France Hirigoyen, Oh ! Éditions, 2005.

Au lieu de quoi, bang, bang, bang, bang, quatre balles à bout portant.

Il y a, chez chaque être, ce que l'enfance produit. Tous les soubresauts, parfois des riens, parfois des horreurs, que chaque enfant, avec ses moyens et dans le climat dans lequel il grandit, intègre à sa psyché, enfouit ou rejette. Il y a aussi ce que chacun de nous porte à sa naissance, de potentiel, de fardeau à se coltiner, d'ouvertures possibles. Certains appellent cela le karma, d'autres l'âme, d'autres encore un simple bagage. Marc Cécillon portait en lui des gènes de violence, il l'a reconnu lui-même, dont l'expression se manifestait quasi systématiquement sous alcoolisation massive.

Il portait en lui, aussi, ce que les psychiatres ont donc nommé « une fragilité structurelle » – et ça l'arrangeait certainement qu'on voie, tel un écran de fumée le dissimulant, la vedette de rugby au corps de gladiateur plutôt que l'homme vulnérable caché derrière. Il était un colosse aux poings d'acier et aux pieds d'argile. Tout le monde avait préféré l'ignorer ou ne voir que le mastodonte indestructible, décrit par un ancien partenaire comme une de ces énormes machines de chantier de marque Caterpillar, aux roues hautes comme un immeuble. Tout le monde avait préféré le maintenir dans cette illusion pour le protéger – y compris Chantal. « Elle a toléré… soupire Céline. Pour son image, à lui. Trop gentille. Elle a perdu. » Les larmes coulent. L'orgueil a tout détruit.

J'ai purgé ma peine

Elle s'en souvient comme si c'était hier, Céline. Un tribunal, encore. Cette fois, le tribunal de grande instance de Bourgoin, son entrée austère d'ancienne prison avec l'immense porte métallique. En janvier 2014, Marc Cécillon, en liberté conditionnelle, y assigne ses filles à qui il reproche, se justifie-t-il par la voix de son avocat maître Paillaret, leur mauvaise gestion du patrimoine familial quand il était derrière les barreaux. Lors des procès, ses deux filles n'ont réclamé aucun dommage et intérêt parce que, savaient-elles, l'argent ne réparerait rien. Et voilà qu'il… Céline est scandalisée. Elle le fait savoir, le 25 janvier 2014, sur la chaîne de télévision M6 dans le 19/45 (par téléphone) et sur le site Internet du *Parisien – Aujourd'hui en France*, qui reprend ses propos : « S'en prendre à nous après ce qu'il a fait à notre mère, c'est une honte ! Quelqu'un de normalement constitué laisserait ses filles tranquilles. On s'est quand même occupées de tout alors que lui était en prison. Et voilà le remerciement. Lors de son procès, on ne l'a pas enfoncé avec ma sœur. Et, à la sortie, on en prend plein la tête. Il faut maintenant qu'il nous laisse vivre notre vie sereinement, qu'il arrête de faire du mal aux gens. » Dans les colonnes du *Parisien*, l'avocat de Céline, maître Rodamel, explique : « Les filles doivent hériter des 50 % de leur mère car M. Cécillon ayant été condamné à une peine criminelle (pour avoir donné la mort à la défunte), il ne peut pas bénéficier de la part de son épouse. Mais sur les 50 % lui revenant, il considère que ses deux filles ont mal géré les comptes communs du couple, notamment en ce qui concerne la perception des loyers sur les locations des appartements. Moralement, c'est abject. Il ne manque pas de toupet. » Les deux filles, soudainement livrées à elles-mêmes dix ans plus tôt et dans quelles circonstances, se sont retroussé les manches pour tout gérer, seules, justement, pour louer, entretenir la maison et les appartements.

Une audience de conciliation est organisée. Elle a lieu le 14 avril 2014, dirigée par le président du tribunal, en présence de Céline et d'Angélique accompagnées par maître Rodamel, de Marc Cécillon et de son avocat. Cinq appartements et la maison du Sablon sont à partager. Marc Cécillon, frappé d'indignité successorale pour avoir commis le meurtre de Chantal, est, comme l'a expliqué dans *Le Parisien* maître Rodamel, exclu de la succession de Chantal. Mais, dans le cadre de l'indivision, il possède toujours la moitié du patrimoine. Il est là, donc, assis face à ses filles à la table de conciliation pour la succession de son épouse qu'il a tuée presque dix ans plus tôt. Et que dit-il, ce jour-là, Marc Cécillon ? Que dit-il à ses filles, qu'il n'a pas vues, en ce qui concerne Céline en tout cas, depuis la cour d'assises du Gard, soit plus de cinq ans ? « Vous ne savez pas gérer », me rapporte Céline. Pense-t-il, alors, aux loyers qu'il aurait aimé lui faire payer pour les années passées dans l'un des appartements ? Et puis, surtout, pour se justifier face à l'immoralité de son entreprise, il répète, poursuit Céline : « J'ai purgé ma peine. Je n'ai rien à me reprocher. » Une fois, deux fois, plus, il le redira chez le notaire désigné par le juge. Le sang de Céline bout. Angélique déchante. « Si j'avais su », lâche-t-elle – trop tard. Dans la maison familiale des Cécillon, à Saint-Savin, la grand-mère Solange vole au soutien de son fils chéri. C'est à lui, dit-elle à Céline, c'est normal, il faut bien qu'il se défende.

Céline abandonne l'appartement qu'elle a occupé de 2004 à 2010. Elle obtient la maison du Sablon dont elle doit racheter, avec son mari, les trois quarts. Elle ne négocie rien, veut solder les comptes, de grâce, que la procédure ne s'éternise pas, elle veut tourner la page, couper les ponts, elle pense, elle espère qu'enfin *il* va les laisser tranquilles. Mais il y aura encore des bisbilles. Pour la taxe foncière, par exemple, des choses moches. Elle conte les anecdotes, qui hérissent le poil et heurtent l'entendement. Comme ce jour, avant l'emménagement au Sablon. Céline et son mari nettoient la maison, ils rangent. Céline aperçoit une voiture garée sur le bord de la petite route entourée de champs de maïs et de marais, à une centaine de mètres, là-bas à l'orée du sous-bois, direction Chamont. Son père, reconnaît-elle. Ni une ni deux, elle saute dans sa voiture. S'arrête à sa hauteur et descend.

« Qu'est-ce que tu fais là ? » l'apostrophe-t-elle.

Il répond qu'il se promène. Au Sablon ? Elle s'en étonne. Lui, lui fait remarquer qu'ils ont coupé des arbres dans la propriété, avant de la décontenancer en lui demandant comment elle va et, surtout, en lui proposant de faire la connaissance de sa compagne, qui est dans la voiture, précise-t-il. Cette dernière se tient en effet recroquevillée sur la banquette arrière. Visiblement, elle n'en mène pas large. Mieux vaut qu'elle reste dans la voiture, réplique Céline, elle pourrait se retrouver dans le ruisseau.

Céline m'apprend que cette femme, à Collioure, se fait appeler madame Cécillon.

Quand Céline livre ces souvenirs, c'est le grand huit des émotions. Elle passe de l'effarement, qu'elle revit, à l'ironie. Elle rit par moments, incrédule, puis soudain les sanglots la rattrapent, « on essaie de se débarrasser de son image, parce que ça nous bouffe », dit-elle. J'imagine, oui, que cela doit miner. Au-delà de la goujaterie, de l'égocentrisme, au-delà d'une forme d'indécence, se posent ici la question de la peine, la question du deuil, la question du pardon, la question de la dette et de son effacement, la question du repentir, nous y revoilà.

Le temps des lois, le temps du deuil

Que peut vouloir dire, je me demande, dans la bouche de Marc Cécillon, « j'ai purgé ma peine, je n'ai rien à me reprocher » ? N'y a-t-il pas là, dans ce dire irréfléchi, une immense confusion fondée sur le sens trompeur, et simpliste, que l'on peut donner à l'expression « purger sa peine » – que les dictionnaires renvoient d'ailleurs à l'expression « payer sa dette à la société » ? Comme si purger sa peine, ce qu'a fait Cécillon selon les termes de la justice, permettait de payer une dette – mais laquelle exactement et à qui ? – et, ainsi, de remettre les compteurs à zéro en toutes circonstances et avec tout le monde, le passé loin derrière et oublié. Un claquement de doigts magique, en quelque sorte, mais qui écraserait alors la partie d'en face, sa douleur, sa souffrance, son chagrin ; eh, oh, vous avez eu sept ans (le temps de son incarcération) pour vous remettre, c'est bon, non ? C'est ignorer que le temps des lois et le temps du deuil, le temps du pardon, possible ou non, sont totalement dissociés. C'est, en l'occurrence, se dédouaner de sa propre responsabilité dans la meurtrissure infligée aux autres, se cacher derrière l'autorité supérieure qui a jugé : je me suis plié à la sentence, et maintenant on tire un trait. Mais quelle dette Marc Cécillon a-t-il payée, en réalité ? Et à qui ? À qui était-il important d'en acquitter une, si l'image de la dette importe tant, si ce n'est à ses filles avant tout ? Par la justice, Marc Cécillon n'a été que puni. Au coin, comme un enfant. Comme le punissait, à l'époque, il avait pourtant déjà bien plus de trente ans, son entraîneur à Bourgoin, Michel Couturas, quand il était en retard à l'entraînement, lorsqu'il ne se pliait pas à la discipline commune parce que Marc Cécillon il était.

Payer sa dette, en vérité, c'eût été, il me semble, adopter une posture qui résonnait avec les rares paroles de remords et de pardon exprimées lors des procès. C'eût été, peut-être, faire profil bas. C'eût été entendre et considérer la plainte des âmes blessées et les laisser en paix, ces âmes en peine, c'eût été assumer pleinement son geste en les laissant libres de pardonner ou non car rien ne peut forcer quiconque à pardonner. C'eût été, alors, admettre que le crime commis pouvait être, dans le cœur de Céline, de Marinette et d'autres, un crime imprescriptible. C'eût été, à ce titre, s'incliner devant la peine et la douleur infligées, et se retirer du jeu. Se délier des victimes pour les laisser avancer sur leurs propres chemins. Les laisser rouvrir depuis ce passé si noir un autre futur.

Dans *Psychologie du criminel*[1], le psychiatre Jean-Michel Labadie écrit que le crime force celui qui l'a commis à l'exil, que supprimer autrui revient à devenir solitaire de l'existence. J'ai l'impression que Marc Cécillon a inversé le phénomène, forçant ses victimes à se protéger sans cesse.

Ainsi, par exemple, le 5 juin 2017. Ce lundi-là, la une du *Dauphiné Libéré* annonce, photo à l'appui, une interview de Marc Cécillon. Marinette vient de déplier sur la table de sa cuisine le journal qu'elle a récupéré dans sa boîte aux lettres pour le feuilleter comme elle le fait tôt chaque matin en buvant son café, elle s'étrangle

1. *Psychologie du criminel : logiques de l'irréparable,* Jean-Michel Labadie, L'Archipel, 2004.

– « Comment, on l'interviewe encore, aujourd'hui ? » Elle alerte sa petite-fille Céline, qui s'étrangle à son tour, comme elle s'était déjà étranglée devant les grandes affiches qui décoraient la tribune Est du stade Pierre-Rajon, avec son père en figure de proue, promouvant l'anniversaire des vingt ans de la finale de Championnat de France de rugby perdue par Bourgoin (couleurs ciel et grenat, pour les néophytes) au Parc des Princes face à Toulouse, le 31 mai 1997. L'événement justifie, semble-t-il, une interview du capitaine légendaire. Ce n'est pas rien de donner la parole à un homme si peu bavard d'ordinaire qui fut, spécialement pour la région couverte par le journal en question, le demi-dieu puis le criminel que l'on sait – et tous les lecteurs du *Dauphiné* le savent. Comme ce n'est pas rien, en tant que cet homme-là, de s'exprimer par voie de presse, dans cette région-là en particulier. On imagine alors, naïvement, que les mots ont été pesés, les images choisies. On attend de la pudeur et de la retenue, il y a des âmes endolories à ménager, un crime inoubliable, une défunte à respecter.

Le titre « On ne peut pas revenir en arrière » barre le haut de la page 5. Il surplombe une photo grand format détourée d'un Marc Cécillon en plan poitrine, portant beau, teint hâlé et cheveux blancs, souriant dans une chemise en lin blanc immaculé – presque une vision d'ange. Le sous-titre précise : « En marge du rassemblement de la génération ciel et grenat 97 ayant participé à trois finales il y a vingt ans qui s'est tenu samedi, Marc Cécillon, son capitaine emblématique, a accordé un entretien à notre journal. Il y parle rugby bien sûr. Mais pas seulement si on lit entre les lignes… » Tout en sous-entendus peut-être mais l'intention est évidente, on donne à croire qu'il est question du meurtre de Chantal, survenu treize ans plus tôt, et que le héros criminel, à condition de savoir lire entre les lignes, bien sûr, Cécillon reste Cécillon, s'exprime sur le drame, peut-être même qu'il en a retiré quelques enseignements.

Est-ce bien ce que Cécillon dit ? Sixième question (jusque-là, c'est un tunnel de banalités sur le rugby) :

« Avez-vous continué à suivre l'actualité du CSBJ ?

— Bien sûr, c'est mon club de cœur. Il faudra quelques années pour que le rugby de haut niveau revienne à Bourgoin. Mais tout est possible. Il faut des gens compétents à certains postes, que l'amalgame se fasse, que le centre de formation tourne bien comme ça a été le cas à une époque où il sortait beaucoup d'internationaux. J'aimerais que le club évolue dans le bon sens et que les supporters se fassent plaisir. Ça me fait mal au cœur de voir le CSBJ à ce niveau-là. Mais c'est comme ça, on ne peut pas revenir en arrière. Je le sais très bien par rapport à ma vie passée aussi…

— Est-ce émouvant pour vous de revenir à Bourgoin-Jallieu ?

— Oui, c'est sûr. Je ne suis pas revenu souvent, je ne suis pas retourné au stade Rajon. Ça me fait quelque chose d'être là. »

Comment ? Le journaliste n'a pas relancé après l'allusion à la vie passée ? Il n'a pas demandé à son interlocuteur de préciser ce qu'il voulait signifier ? Non. Il n'y a que cette petite phrase « Je le sais très bien par rapport à ma vie passée aussi » et les pointillés et c'est tout. Et ce minuscule rien est devenu le titre allusif, ce minuscule rien a été exploité dans le sous-titre pour appuyer l'allusion et, sans scrupules, appâter le lecteur.

Mes messages sont restés sans réponse. J'aurais aimé, pourtant, qu'on m'explique comment s'était opérée la petite cuisine, en coulisses, pour comprendre pourquoi un journal renonce à poser des questions, alors que poser des questions constitue le b.a.-ba du journalisme et, dans le cas qui nous intéresse, alors que Marc Cécillon, faut-il le rappeler, à part un « pardon » et quelques regrets bafouillés en cour d'assises, ne s'est jamais expliqué sur son crime, et surtout pas devant ses filles et sa belle-mère. Alors, peut-être, lors de l'entretien, le journaliste a-t-il relancé Cécillon, je n'imagine pas une seule seconde, d'ailleurs, qu'il ne l'ait pas fait. Mais la légende du CSBJ a pu lui dire qu'on ne parlerait pas plus de *ça*. À moins qu'un deal ait été passé avant l'interview pour ne pas aborder le sujet. Ce n'est pas impossible. Ou que la relance sur le sujet ait figuré dans la retranscription de l'entretien et que la main invisible de la censure, hop, soit passée par là pour retirer ce qui pourrait gêner (mais gêner qui ?). À moins, pire, qu'il n'y ait eu ni deal, ni censure, ni relance, juste une forme d'autocensure *a priori*. Comme si la légende, elle, avait survécu, ôtant par envoûtement tout discernement, et ce faisant toute conscience que, dans le camp d'en face, si on peut l'appeler ainsi, en miroir, la peine durait.

La fin de l'entretien est la partie la plus dure à avaler pour Céline et Marinette.

« Quel est votre quotidien désormais ? demande le journaliste à Cécillon.

— Je vis à Collioure (Pyrénées-Orientales). Il y a deux ans, j'étais allé voir le CSBJ jouer à Perpignan puisque je n'étais pas loin. Ils avaient fait un bon match d'ailleurs. Je travaille dans la vigne, comme ouvrier viticole. On a un joli bureau, on voit la mer tous les jours. Ça va. Franchement, il y a pire… »

Il y a pire, oui. Reposer six pieds sous terre, comme dirait Céline.

Le (très) petit encadré intitulé « Le passé judiciaire », qui rappelle le meurtre, les condamnations et la libération anticipée accentue la partition, et le déséquilibre, entre un personnage, sa légende et son crime, comme si l'un n'avait pas à voir avec l'autre, comme si le crime constituait une parenthèse, dissociée, un élément quasi fictionnel. La réalité de la victime et de ses proches, elle, n'a pourtant rien de la fiction.

Les sœurs jumelles

Elles se sont rencontrées un dimanche de septembre 1975. Les dimanches d'automne sont rarement gais, surtout en fin de journée, surtout dans un internat où l'on met les pieds pour la première fois. Assise seule sur un banc, au milieu de la cour du grand lycée de Saint-Romain-en-Gal, en face de Vienne, de l'autre côté du pont de Lattre-de-Tassigny qui traverse le Rhône, Huguette fait passer le temps. Plus tôt dans l'après-midi, accompagnée de sa maman, elle s'est inscrite. Puis, après être montée au dortoir, l'immense dortoir, elle a choisi son lit, près de la fenêtre, et c'est important, la fenêtre, quand on vient de la campagne, pour s'ouvrir l'horizon, respirer le ciel. Le placard rangé, le lit fait, de retour dans la cour, émues, la mère et la fille se sont dit au revoir.

Le lendemain, Huguette attaque ses cours de BEP sténodactylo. La voilà donc sur son banc, seule, nez au vent, gagnée par un petit blues. S'assied alors, à côté d'elle, une jeune fille, nouvelle comme elle dans l'établissement. La fille s'appelle Chantal et elle sourit, dans son pantalon pattes d'eph. Elle sourit tout le temps. Sur le banc, les deux demoiselles engagent la conversation, papotent de tout, de rien, c'est le premier jour d'une drôle de nouvelle vie, la pension, et c'est bizarre, tu ne trouves pas, à quatorze ans, d'avoir quitté la maison. Elles se montrent les photos qu'elles ont sur elles, sortent leurs cartes d'identité, t'as vu ma tête, et puis là, première coïncidence, on est nées le même jour, le 30 novembre 1960.

Le soir, à l'heure de regagner le dortoir, les deux filles réalisent qu'elles ont choisi des lits côte à côte, sans le savoir, le dortoir doit en compter près de cent cinquante organisés par box de huit. D'un coup, le lycée à quarante kilomètres de la maison, loin des frères, des sœurs, loin des foyers, et l'inconnu paraissent moins angoissants. Une amitié naît, c'est l'évidence, Huguette dit : « J'ai eu la sensation de trouver mon double. » On les qualifie d'âmes sœurs, on pourrait dire sœurs jumelles tant elles se ressemblent, s'assemblent. Chantal, qui prépare un BEP d'agent administratif, est solaire, elle rit. Elle rit en permanence, se souvient Huguette, elle entraîne son monde au point qu'on la baptise la locomotive, il lui faut des comparses pour les lits en portefeuille et pour tous les coups pendables requérant dentifrice ou mousse à raser. C'est l'époque de ses nuits emmaillotée dans une combinaison en plastique pour suer et perdre le poids qu'elle estime avoir en trop, on la chambre, elle en joue, fait le pitre, animant l'internat, les devoirs finis, avec le mange-disque et l'énorme pile de 45 tours récupérés du café familial tenu quelques années durant sur la place du village à Vénérieu par sa mère Marinette et dont elle garde le bon souvenir du service, dans les odeurs de café ou les vapeurs de gnôle. C'est aussi l'époque, le week-end quand les parents sont venus, le samedi matin, chercher leurs petites, des boums avec la bande des copains de Vénérieu, Huguette, dans ces cas-là, dort à la maison. Quand elle n'est pas au lycée ou avec sa jumelle, Chantal est tout le temps fourrée avec son frère Serge et sa sœur Marie-Ange, ces mêmes frère et sœur avec qui, plus jeunes, elle construisait des cabanes dans les bois, les trois sont nés en trois ans. Chantal est une boule d'énergie. Le cœur qui aime. Le cœur qui donne. Elle est droite. Fidèle. Protectrice.

Et puis, sans donner de raisons, ni à sa famille ni à ses amis, à trois mois des examens finaux, au printemps 1977, et après deux années de cours, Chantal abandonne. Elle veut travailler, c'est tout ce qu'elle dit. Elle laisse tout en plan, distribue les vinyles et le tourne-disque à l'internat, offre son nounours fétiche à Huguette, le chapitre est clos. Ses parents l'accompagnent alors chez Mazoyer, une entreprise de photogravure à Saint-Savin, à quelques kilomètres de Vénérieu en direction de Bourgoin. Elle dessine bien, Chantal, elle griffonne partout, sur les cahiers et les classeurs d'Huguette et des copines, elle a un vrai bon coup de crayon. Chez Mazoyer, on l'embauche pour créer les dessins qui seront ensuite imprimés sur les tissus. Elle fait l'affaire et elle se plaît, là, où elle restera jusqu'à l'ouverture du magasin rue de la Liberté. Elle se rend au boulot sur sa 125, habillée en jean des pieds à la tête, look un peu garçon manqué, mais ça lui va bien, ce côté je trace ma route. Marinette la guette le soir, la nuit, quand elle tarde, mais Chantal rentre toujours à bon port. Et c'est sur sa moto qu'elle emmène Huguette à Saint-Romain-en-Gal, par la D75, voir les résultats des examens, en juin 1977. Les autres ont un diplôme, pas elle, et alors ? Elle est bien, chez Mazoyer. Là-bas, à Saint-Savin, juste en face de l'entreprise, de l'autre côté du Chemin des Vagues, à flanc de colline, excentrée du centre bourg, c'est la maison de la famille Cécillon.

Personne n'a su dire comment elle et Marc ont fait connaissance, ni quand précisément. Avant ou après son embauche, mystère. Ce qui ne fait aucun doute, en revanche, c'est que Chantal est amoureuse, ça, tout le monde peut le voir. Huguette, elle, découvre Marc le jour des dix-huit ans de Chantal, et donc des siens, dans la salle des fêtes de Vénérieu. Elle le trouve immensément grand et costaud. Elle souffle à son amie, c'est un monstre, il va t'écraser et Chantal rit, forcément elle rit. Ses autres impressions, Huguette les garde pour elle. Elle avoue aujourd'hui avoir eu un peu peur face à ce visage qu'elle a d'emblée trouvé dur, quelque chose l'a inquiétée, au fond, elle ne sait dire quoi ni pourquoi. Mais rapidement après, sa crainte se confirme. Une de leurs amies de lycée se marie, on est en 1979. La fête bat son plein et, soudain, des gens accourent dans la salle prévenir Chantal que, dehors, Marc se bat. Marc a bu. Chantal tente d'apaiser les ardeurs de son futur mari, qui ne la ménage pas, là, au milieu des convives, en pleine noce. Chantal revient dans la salle, en pleurs, elle a fait appeler le père de Marc, Louis (déjà), le seul, on le sait, à pouvoir arranger les choses. Louis ramène tout le monde, à la raison d'abord, à la maison ensuite, mais la soirée est gâchée – seulement la soirée ?

Depuis lors, Huguette demande sans cesse à son amie si de tels événements se reproduisent et Chantal, toujours, enfin toujours jusqu'en 2003, la rassure, c'est quand il boit que ça dégénère et je le surveille ; Huguette songe alors, il faut tout le temps le surveiller ?

Elle se souvient d'une autre scène, à la sortie du bowling, à Bourgoin. Ils sont sur le parking, Chantal voit une belle moto et pose les mains sur le guidon, un instant, juste pour rêver. Le propriétaire arrive, casque sur la tête, heureusement pour lui, le casque, et il dit, pas vraiment sympathique, une moto, c'est comme une femme, ça ne se touche pas. Alors le sang de Marc Cécillon ne fait qu'un tour. Ce qui vient à Huguette, devant ce déchaînement, c'est une inquiétude profonde, et cette pensée, une telle violence, c'est pour la vie, et cette pensée, aujourd'hui, fait craindre à Huguette que son âme sœur ait, toute son existence, subi… Comment expliquer ce dédoublement ? Parce qu'à jeun, Marc est un agneau. Il est doux, charmant. Sous alcool, il devient un monstre. Mais Chantal se marie. En connaissance de cause, pourrait-on dire. Oui, en connaissance de cause. Dans le salon du Sablon, Marinette se souvient. D'un Marc saoul, un matin, dans la voiture de Serge, impossible de le réveiller alors qu'ils doivent partir, Chantal et lui, en Italie, en car. À l'époque, ils ne sont pas encore mariés. Ce qu'ils font en 1980, la même année que Serge et Marie-Ange, les frère et sœur de Chantal, toute la couvée de Vénérieu envolée en quelques mois. En 1980, alors qu'Angélique grandit dans le ventre de Chantal.

Huguette réfléchit. Après un temps de silence, elle ajoute : « Chantal était prise entre deux feux. Amoureuse, fière, heureuse, et en danger. Mais *à la fin* (c'est son expression), il fallait fuir. » Elle sait, Huguette, que Chantal devait fuir.

Alors, le dimanche 8 août 2004, quand à la radio, dans sa voiture, elle entend le présentateur dire ces mots, « le monde du rugby est en deuil », elle comprend. Oui, si vite. Elle était à moins d'un kilomètre de chez elle, revenait du service du midi, au restaurant de l'hôtel où elle travaillait, avant de repartir pour le service du soir, et elle se dit non, ça ne peut pas être ça, n'écoutant pas la suite avant que l'ouïe ne revienne pour entendre, ce sont ses souvenirs, « l'ancien capitaine de l'équipe de

France a tué sa femme de cinq balles » (les premières informations donnaient cinq balles). Elle se met à hurler, Huguette, hurler tellement c'est violent. Elle s'arrête un peu plus loin, en pleurs, tremblante, plus capable de rien, le temps de se calmer. Puis elle rentre. Dans l'allée menant à sa maison, elle croise sa voisine à qui elle crie que sa meilleure amie vient de se faire assassiner puis, chez elle, elle empoigne le téléphone pour appeler sa mère, à Diémoz, à vingt kilomètres au sud-ouest de Vénérieu, sa mère qui aime tant Chantal, et quand sa mère décroche, en larmes, Huguette comprend une deuxième fois. Toute cette horreur est vraie. C'est le début de l'enfer. Le service du soir en pleurs, celui du lendemain, en pleurs, puis l'avion pour rentrer, seule, dans l'Isère, retrouver sa mère et crouler, à deux, sous le chagrin. Au salon funéraire, Marinette, Marie-Ange, tout le monde déconseille à la mère d'Huguette de voir la défunte, mais Huguette, elle, y va, c'est son amie, sa sœur, elle veut la voir, lui dire au revoir. Elle ne la reconnaît pas. Elle ne reconnaît pas sa Chantal, la poitrine notamment, déformée par les coups de feu, ses cheveux filasse, épars alors qu'ils resplendissaient. Un être si lumineux. Le monde s'écroule. Huguette vient de perdre son soleil, une partie d'elle, la culpabilité l'envahit. Les derniers mois, elle disait à Chantal : « Je peux te trouver du boulot dans l'hôtel où je travaille, tu seras logée, tu auras un bon salaire, tu verras, tu t'en sortiras et tu pourras toujours voir tes filles, Marc, lui, ne saura pas où tu es » – c'est une exfiltration qu'elle lui offre, elle a compris l'urgence et la gravité de la situation ; elle est la seule ? Bon sang, elle aurait dû insister, insister – mais peut-on sauver les autres à leur place ? –, insister encore.

Mais il y avait tout ce que Chantal avait accompli à Bourgoin. Le magasin, les appartements, tout ce que son labeur lui avait permis de se construire, elle ne voulait pas partir sans rien. Et puis il y avait ses filles, surtout ses filles. « Je ne peux pas les abandonner », disait-elle à Huguette, les filles volaient de leurs propres ailes, pourtant, l'une à Lyon, l'autre à Saint-Marcellin, elles avaient quitté la maison, mais non, les laisser pour aller se planquer, c'était impensable, elle voulait faire les choses en douceur. Comme une espèce de sacrifice – un de plus. Et elle est là, maintenant, méconnaissable. Non, elle n'est plus là. C'est bien une partie d'elle qu'Huguette a perdue. Heureusement, sur ces douleurs, parfois ressurgit le rire. Le rire de Chantal, ce rire qui disait son énergie, sa lumière, sa joie. Ce rire qui irradiait, au téléphone, quand Huguette avait été la première à téléphoner, le

30 novembre, leur rendez-vous, chaque année, oui, tous les mois de novembre, elles se faisaient la surprise, à celle qui appellerait la première, Huguette débarquant souvent au magasin, la bouteille de champagne et les coupes à la main, ah, l'éternelle coupette. Depuis 2004, Huguette ne fête plus son anniversaire.

Le petit Cécillon

Quel âge avait-elle, Céline, une quinzaine d'années ? Elle se souvient de sa mère leur disant, à Angélique et elle : « Tiens, regardez, c'est le petit Cécillon. » Un garçon de six ou sept ans, peut-être huit, gambadait sur les pelouses annexes de Pierre-Rajon. Céline et sa sœur étaient certainement trop jeunes pour comprendre ce que l'emploi de leur nom de famille associé à ces termes *le petit*, en pointant du doigt un garçonnet jouant sur un carré d'herbe, signifiait. La ressemblance du garçon avec son géniteur n'était pas encore flagrante mais Chantal, en lui attribuant ce nom, Cécillon, officialisait devant ses filles ce que le monde du rugby berjallien savait déjà, ce que la mère de l'enfant dira, à Grenoble, en novembre 2006, lors du premier procès, ce qu'une partie du monde du rugby français apprendra avec le temps et se répétera à l'oreille, hors champ, des années durant, ce qui, via un communiqué, enfin, en janvier 2015, sous la pression de la Fédération française de rugby craignant une fuite sur les réseaux sociaux ou, pire, dans la presse à scandale britannique, sera révélé par l'enfant devenu rugbyman international comme son père biologique. Cet enfant, c'est Alexandre Dumoulin, joueur de rugby professionnel français, huit fois retenu en équipe de France en 2014 et 2015, fils naturel, fils adultérin, fils biologique, fils illégitime de Marc Cécillon et de Carole Dumoulin, né le 24 août 1989 à Bourgoin-Jallieu, sept ans après Céline. Cette histoire ahurissante est une histoire dans l'histoire, une balafre de plus dans le cœur de Chantal, qui, probablement pour surmonter l'affront et la trahison, préférait ironiser, impuissante et amère – ironie de défense qui me méduse.

Il est possible qu'en août 1989, Chantal ait rendu visite à Carole Dumoulin à la maternité. Les deux femmes étaient amies malgré la petite dizaine d'années qui les séparait. La source qui a évoqué cette visite n'était pas formelle et aucune autre, parmi les rares qui m'ont parlé, n'a été en mesure de me le confirmer (Carole Dumoulin, elle, après une brève première approche au téléphone en septembre 2019, n'a plus répondu à mes appels).

« Pourquoi ne lui aurait-elle pas rendu visite, s'interroge Huguette, elle ne savait pas de qui était l'enfant. » Huguette en connaît un rayon sur cette histoire. Si j'avais écrit une fiction, comme j'en avais le projet à l'origine, la visite de Chantal à Carole aurait sans doute constitué ma scène inaugurale. En 1988, quand l'enfant est conçu, sa maman a dix-neuf ans. Elle est amoureuse, c'est ce qu'elle dit au procès. Elle veut cet enfant mais ne demande rien au géniteur pour, explique-t-elle à la cour d'assises de Grenoble, ne pas briser le couple Cécillon, formé par son amie et l'homme dont elle est éprise. Elle sait, dit-elle, que ce dernier n'est pas disponible, elle ne lui demandera jamais rien. Avoir un enfant de lui constituait-il néanmoins une stratégie pour tenter de se l'approprier ? Le père de Carole Dumoulin, m'a-t-on raconté, souhaitait, lui, que Cécillon reconnaisse l'enfant qui allait devenir son petit-fils et était prêt à, comme on dit, mettre la pression. Des âmes bien intentionnées l'en auraient dissuadé. Carole, donc, ne veut pas briser le couple Cécillon. Mais elle est là. Très présente. Chez Chantal, au Sablon. Avec le petit. Elle passe au magasin, rue de la Liberté. Avec le petit, dans la poussette-canne. Elles boivent le café, ensemble. Chantal rend visite à Carole, chez elle. Le petit est là, forcément. Et Chantal l'aime bien ce petit, elle le trouve mignon. « Et puis il n'a pas de père, c'est malheureux, tu ne trouves pas ? » fait-elle à Huguette, qui s'étonne : mais tout de même où est-il ce père ? « La seule chose que Carole m'a dite, répond alors Chantal, bonne poire (mais pourquoi ne l'aurait-elle pas été ?), c'est que le père est quelqu'un de connu à Bourgoin, il est marié et elle ne veut pas que ça se sache. » Cette Carole, raconte Huguette, est tellement proche du couple qu'elle accompagne Chantal lors des week-ends parisiens, pour le Tournoi des Cinq Nations – Céline se souvient aussi de déplacements pour suivre l'équipe de Bourgoin, dans la voiture de Chantal, avec Carole. Et si Chantal ne peut monter à Paris pour soutenir son mari, alors Carole, avec un clin d'œil, lui dit de ne pas s'inquiéter, elle le surveillera.

Un samedi soir – c'est Huguette qui raconte la scène –, alors que, cette fois, tout le monde a fait le voyage, Chantal, Huguette, Carole, après le match (les matchs se jouaient à 15 heures le samedi), au bar de la soirée de gala, il y a embrouille. Pas entre Marc et Chantal, entre Marc, qui a bu, et Carole. Huguette situe l'événement en 1992, c'est peut-être 1993 (le garçon a donc trois ou quatre ans). Elle et Chantal sont assises un peu plus loin. Au bar, le ton monte, ça chauffe. Le grand Marc est-il las de sa maîtresse envahissante ? Chantal se lève pour défendre sa copine, le ton monte encore et qu'envoie Marc Cécillon à son épouse ? Qu'elle demande à Carole qui est le père de son gamin. Chantal, blême, interdite, se tourne vers Huguette : « Qu'est-ce que ça veut dire ? Que c'est lui le père ? » Elle pleure. Toute la nuit, elle pleure, elle ne sait pas ce qu'elle doit comprendre. D'après Huguette, Carole disparaît. Le soir même et de leur vie. Mais Chantal essaie de revoir le gamin, le voir, oui, pour déceler une éventuelle ressemblance, pour savoir si, bon Dieu, ce qui a été dit, et est depuis noyé dans le silence, et ce qu'elle en a compris est vrai.

À Bourgoin, faut-il préciser, dans le monde du rugby, tout le monde est au courant, sauf elle. Elle finira par savoir. Personne ne peut dire quand, avec précision (« quand le petit avait six ans ? » se demande Huguette), ni comment. Mais quand elle sait enfin, avec certitude, et pose cette vérité devant son mari qui, fou d'amour et pris de passion, n'est-ce pas, la tuera quelques années plus tard, le mari fou d'amour ne nie pas. Il ne nie pas et, même, ne fait aucun commentaire, n'en fera jamais, pas plus à ses filles d'ailleurs, sur l'existence de cet enfant comme si la chose, dissimulée sous le tapis, n'existait pas – et peut-être est-ce ce silence qui me gêne tant, silence de toutes parts d'ailleurs, car Chantal, qui ne se livrait pas plus que son mari, a… quoi ? Quel terme employer ? A toléré ? A concédé ?

En 1988, l'homme géniteur d'Alexandre est déjà l'emblème de Bourgoin. Il irradie. Tout le monde le veut, les hommes comme ami, comme copain de bistrot, comme modèle, comme frère de sang, les femmes comme amant. Il faut voir les photos. Marc Cécillon beau comme Paul Newman. Marc Cécillon, bâti comme une statue grecque, aussi solaire que Charles Bronson dans *Il était une fois dans l'Ouest*, teint mat, yeux plissés, lèvres fines et silencieuses, une bestialité à fleur de peau, prête à jaillir – que les femmes veulent libérer puis posséder, qu'y peut-il et comment résister quand c'est si facile ? « Vous savez, imagera avec mauvais goût, dans une enquête de M6 diffusée le 5 novembre 2006 dans le cadre du magazine « 66 minutes » et intitulée « Marc Cécillon, le rugbyman meurtrier », Louis Marchand, l'un des protecteurs de Marc Cécillon, qui l'engagea comme apprenti pâtissier dans sa boutique de chocolat et fut son premier président au CSBJ, vous savez, les femmes, il n'avait pas besoin de les violer. » L'histoire aurait néanmoins pu s'arrêter là. L'enfant aurait pu grandir loin. Loin de son père, loin du rugby, loin des Cécillon. Manqué.

Le premier beau-père d'Alexandre est un partenaire de Marc Cécillon, talonneur en équipe première du CSBJ. Le deuxième, qui, lui, le reconnaîtra et l'élèvera, est également joueur, également passé par Bourgoin. Et que fera le petit Cécillon ? Du rugby, pardi.

Donc, au bout de quelques années, tout le monde sait. Y compris Chantal. J'imagine un instant la scène. Elle sait. Et maintenant, Marc Cécillon sait qu'elle sait. Elle le fusille du regard, le dégomme, le brûle – qu'éprouve-t-elle de si complexe, à cet instant de leur vie commune, qui l'empêche de partir ou de le mettre dehors ? Probablement l'envie de combattre, de montrer à la traîtresse qu'il est son homme à elle, on ne le lui prend pas comme ça. Et lui, face au feu nourri qui l'incendie, où se portent ses yeux ? Est-il toujours l'homme tranquille ? Les lèvres pincées, regard sur la façade de la maison ou, pire, planté dans les yeux de Chantal, il clôt le sujet, on passe à autre chose. Chantal n'a plus qu'à se débrouiller. Avec sa honte, avec sa culpabilité, elle n'est jamais gagnante. Le silence, alors, recouvre le fait et les émotions. Puis il se dilate. Il est énorme, il avale tout. Un jour, il explosera. Et tout le monde, qui se tenait là, spectateur choral muet et ensorcelé voyant une auto foncer dans un mur sans réagir, tout ce petit monde en sera effaré au point d'en perdre sa langue. Tout le monde sait, même Céline et Angélique, les demi-sœurs d'Alexandre qui percuteront plus tard, la vingtaine atteinte. Tout le monde sait, oui, et c'est ainsi.

Quelque chose me sidère. Il y a un type, là, pas n'importe quel type, qui a trompé sa femme et, en trompant sa femme, a fait un enfant à une autre, cet enfant, tout le monde sauf l'enfant lui-même sait qui il est, sa ressemblance criante avec son géniteur s'affirmera avec les années comme pour clamer cette identité, et c'est là, ostensible mais tu, posé au milieu d'un groupe d'hommes et de femmes comme au milieu du village, et tout le monde fait comme si c'était normal, un rien – rien pour un enfant, c'est dur –, un truc qu'on voit sans voir et qui, pourtant, clignote. On dirait une société frappée d'atonie mentale. La dose d'inconscience est faramineuse, la passivité incompréhensible. « Avec le recul, souffle d'ailleurs Céline, il faut en vouloir pour supporter ce que la mère a supporté. On savait comment était le père, on n'était pas dupes. Il fallait voir, au stade, elles étaient toutes pendues à ses jambes. On entendait toujours des rumeurs. Ce n'était pas correct par rapport à la mère mais que fallait-il dire ? » Et au-delà.

Oui, au-delà de Chantal et de la blessure qui devait la poignarder chaque fois qu'elle croisait la mère et son gamin, ce fait, cette naissance, mince ce n'est pas rien de mettre un être à la vie, cette naissance avec sa filiation notoire mais non reconnue, que tout cela nous dit-il ?

Je repense à Gilgamesh, idolâtré et craint, et son impunité.

Je pense au rejet qui se loge dans la non-reconnaissance d'un enfant – double, d'ailleurs, le rejet, celui du père qui se refuse à lui-même ce qu'il est et celui de l'enfant qu'on repousse, qu'on ignore, qui n'est, dans la vie du géniteur masculin, pas le bienvenu. De mes recherches, de mes lectures, de tout ce que j'ai pu entendre sur le sujet, je retiens que l'absence de reconnaissance paternelle est une blessure inaltérable, un doute identitaire permanent, certes surmontable mais dont on ne guérit jamais (Alexandre Dumoulin est très souvent blessé, faut-il voir dans cette fragilité corporelle la somatisation d'un possible traumatisme non élucidé ?). Je regrette que l'enfant devenu trentenaire n'ait pas répondu à mes sollicitations, par lettre puis SMS, mais, dans un sens, je le comprends. Qu'a-t-il à voir avec cette sombre histoire ? Il est un dégât collatéral, un de plus. Alexandre Dumoulin, pour qui s'intéresse au rugby, c'est le fils Cécillon. Il n'y a qu'à voir son visage. Lui-même le dit.

Le 11 mai 2016, il déclare au journal *Le Progrès* lors de sa seule prise de parole sur le sujet, seize mois après la révélation de son ascendance par communiqué : « Tous les gens qui me connaissent et qui ont vu jouer Marc Cécillon m'affirment que la ressemblance est incroyable. Il paraît que j'ai le même regard, le même port de tête, les mêmes mimiques, les mêmes attitudes, la même morphologie que lui. Je ne me rends pas compte parce que je n'ai pas grandi avec lui et que je l'ai peu vu jouer. En fait, les gens voient Marc Cécillon en moi. » Et si Alexandre Dumoulin est le fils Cécillon, alors, c'est le fils d'un grand joueur de rugby, certes, mais c'est aussi le fils d'un meurtrier. Et c'est un enfant illégitime. Les gens, je crois, voient cela aussi en lui. « Il n'y peut rien, le pauvre, il n'a rien demandé », dit Céline. Non, c'est sûr, lui non plus. Et il faut être solide, mine de rien, pour s'entendre dire à quinze ans, parce que cela ne vous a jamais été dit avant, qu'on est le fils de l'ancienne gloire du cru qui vient de tuer son épouse à coups de revolver.

Le 30 janvier 2015, lors de la révélation du secret de Polichinelle, l'agent de Dumoulin, qui vient de lire le communiqué, affirme, cité le jour même par *Le Parisien* dans un article intitulé « L'incroyable histoire d'Alexandre Dumoulin, fils caché de Marc Cécillon » : « Le cœur de cette histoire réside réellement dans le fait qu'Alexandre a eu une enfance heureuse, dans une famille recomposée normale, avec de l'amour, des amis et du rugby. Alexandre n'a jamais manqué d'amour avec sa maman et son père adoptif. Il faut arrêter tout de suite les possibles fantasmes sur le fait qu'il en ait souffert, qu'il ait été malheureux parce que rejeté, parce que pas reconnu ou snobé par son père. Non, ça ne l'a jamais travaillé plus que ça. *(Jusque-là d'accord, mais)* Pour lui, il n'y a pas eu d'avant et d'après le jour où il l'a appris. » Diable, de quel métal serait-il constitué, ce Dumoulin ?

Dans *Le Progrès*, seize mois plus tard, il reconnaît tout de même : « J'ai été surpris, étonné et surtout déboussolé. » Voilà qui semble plus humain (bien qu'encore tiède, mais les chiens ne font pas des chats).

Et le père biologique dans tout ça ? On apprend dans l'article du *Progrès* qu'il a fait le premier pas pour entrer en communication avec ce fils qui ne sera donc jamais vraiment le sien. Une semaine avant l'article du *Progrès*, Marc Cécillon s'est même exprimé sur le sujet dans le quotidien *L'Équipe* du 4 mai 2016, en marge d'un long papier consacré à son expérience en prison et à sa vie depuis sa sortie. Voici ce qu'on peut lire :

« Ils m'ont appelé avant de dire que j'étais son père, j'étais au courant que ça allait sortir, raconte Cécillon, qui n'a pas reconnu Dumoulin ni ne l'a éduqué. On a un peu échangé par téléphone, comme ça. » S'il avoue avoir ressenti de « l'émotion » et de la « fierté » de voir jouer Alexandre Dumoulin pour l'équipe de France, ces premiers contacts n'ont pas eu de suite. Pour l'instant. « J'espère qu'on se verra un jour quand même », glisse l'ex-capitaine des Bleus.

Tiens, un élan. Je me souviens des paroles d'un témoin, quelqu'un qui connaît bien Marc Cécillon, anonyme évidemment, qui me confia, au fil de la discussion : « C'est quelque chose pour Marc ce fils… qui n'aurait pas dû exister. Il refuse la réalité. Je crois. Il n'en parle jamais, à personne. » Et pourtant, dans les colonnes du quotidien sportif, Marc Cécillon s'épanche. Il parle avec émotion, et publiquement, de ce fils. Mais pas de ses filles, en revanche, qu'il a encore rudoyées deux ans plus tôt – à part la légende qui donne la date et le lieu de la photo, prise en 2014 devant le tribunal de grande instance de Bourgoin, il n'est rien dit de cet épisode et très peu du reste. Saisi d'une empathie qui écarte momentanément ma perplexité quant à la fierté exprimée (parce que le fils, jusque-là ignoré, est devenu international de rugby ?), j'imagine le vécu douloureux d'avoir eu, toutes ces années, à tenir le rôle de celui qui sait que tout le monde sait et fait comme si de rien n'était. J'imagine une possible prise de conscience récente, des regrets, qui sait, l'envie de nouer quelque chose, de rattraper là ce qui a pu lui échapper par ailleurs – serait-ce possible ? Je me demande ce que donnerait une rencontre entre ces deux hommes. Quel dialogue en sortirait, quels regards, quels gestes, peut-être rien, juste un grand blanc. La rencontre a eu lieu. En 2019, m'a-t-on dit alors que je terminais la première version de ce texte. Je n'en sais rien de plus.

/

Céline a elle aussi rencontré Alexandre, une fois, via des amis communs, qui habitaient le même lotissement, à Montbernier, c'était en 2011, et c'est lui, d'ailleurs, qui avait demandé à faire sa connaissance. Elle l'a trouvé gentil, cet Alexandre qui ressemble comme deux gouttes d'eau à leur père. Elle est en contact, de loin, via les réseaux sociaux, avec ce demi-frère et son épouse. Le soir de leur rencontre, ils n'ont pas parlé de ce père commun. La pudeur, toujours, déposée sur les choses profondes. Aujourd'hui, Céline dit : « Un jour, on *(avec Angélique)* a réalisé qu'on avait un frangin. C'est hallucinant. Le monde est fou. Bon, il n'a pas de chance non plus, lui, ce type *(Marc Cécillon)*, c'est quand même son père. Mais il est mieux loti que nous ! » Et elle rit, incrédule, tant tout cela est énorme. Elle m'épate. Je le lui dis. « On en rigole à force, répond-elle, ce serait triste si on ne faisait que verser notre larme. On serait au fond de la gamelle. » Et voilà. La résilience. Chacun ses défenses.

Face à tant d'affronts, Chantal a tenu. Debout. Abîmée à la fin, mais debout, toujours, possédée par une énergie insondable, qui force l'admiration mais me laisse face à une énigme. Comme si, me dis-je, cette énergie dépensée à tenir sur un front aurait pu, plus tôt, être mobilisée sur un autre, libérateur.

La question de la tolérance

C'est ce qu'ont dit, à leur manière, tous les témoins pendant l'enquête puis aux procès, ce que m'ont répété les quelques sources qui ont bien voulu me parler : Chantal était une femme parfaite. Parfaite, ai-je déduit, parce que restant droite même quand tout la poussait à tanguer, parfaite parce que tenant la baraque, au propre comme au figuré, tout en souriant malgré les coups au foie, parfaite, donc, parce que sauvant les apparences, parfaite, finalement, parce que discrète, victime idéale en quelque sorte, digne, qui, comme l'écrit Virginie Despentes dans *King Kong Théorie*[1], avait su fermer sa gueule et cacher ses plaies pour ne pas gêner son tortionnaire ni déranger son repos. Elle était tellement discrète, Chantal, discrète jusque dans sa mort et dans

1. *King Kong Théorie*, Virginie Despentes, Grasset, 2006.

le récit qui en fut fait, qu'aucun article, à part, partiellement, celui de *la* journaliste Christine Thomas dans *L'Équipe Magazine* du 19 mars 2005, ne lui a été consacré, minuscule rien comparé à la somme de ce qui fut produit sur son bourreau. Mais pourquoi cette discrétion ? Pourquoi l'absence de révolte – mystère impénétrable à première vue de la femme trompée ou battue qui, bon sang, ne prend pas la tangente ? À elle seule, me souffle-t-on, la fin de Chantal justifie ce qui peut être pris, sommairement, pour une inaction coupable et c'est valable, je suppose, pour toutes les victimes de violences conjugales ; s'exprimer ou s'enfuir revient à s'exposer à des représailles qui peuvent aller jusqu'à la mort.

J'ai quand même creusé. Parce que quelque chose d'inconfortable s'était installé, presque indicible, une voix me murmurait que Chantal avait été complice. J'ai donc cherché quels mécanismes psychologiques sous-jacents pouvaient expliquer sa passivité, sa complicité parfois (payer les dégâts dans un bar, par exemple). Il m'est ainsi devenu possible de considérer sa part de responsabilité dans sa mort sans avoir le sentiment de la salir ni de donner d'elle l'image d'une personne perverse. Car, ai-je appris, ne tolère pas l'insupportable sans raisons profondes celui qui en souffre.

De ce qu'on sait, Chantal n'était pas une femme battue. Chantal était une femme trompée – et notoirement. La violence psychologique qu'elle a subie était tout aussi dévastatrice que peuvent l'être, chez d'autres, les violences physiques. On peut aisément imaginer, je crois, le désastre en termes d'estime de soi, les dégâts de ce dénigrement symbolique et quasi permanent de qui elle était, l'intégration de la dépréciation. Chantal, dirent certains, avait accepté les infidélités. L'affirmation est surprenante. Les avait-elle réellement acceptées ? Je veux dire, par un processus intellectuel conscient, volontaire et raisonné. Cela paraît peu probable. On trouve, dans son cas et dans le schéma relationnel qui les liait, Marc Cécillon et elle, un certain nombre de caractéristiques typiques des situations de violence conjugale et de domination (masculine) qui se traduisent par un effondrement intérieur, total ou partiel, de la victime et expliquent notamment son inaction, ou la difficulté à agir pour se sortir de la situation. Il me semble donc plus juste d'essayer de comprendre pourquoi, et par quel(s) processus, Chantal a pu rester dans une telle relation, sous une telle emprise, parce qu'emprise il devait y avoir, mais il faut, pour cela, changer de grille de lecture, entendre puis admettre que, dans toute affaire de violences conjugales, la victime et son bourreau ont, pour ainsi dire, partie liée – et je remercie la personne docteur en psychologie qui m'a mené sur ce terrain-là.

Dans ces situations, la victime et son bourreau partagent leurs pathologies (des problématiques psychologiques complémentaires) de manière évidemment inconsciente pour produire ce que l'on nomme une conjugopathie, les deux profils « s'accordant » pour chacun combler la faille narcissique de l'autre ; en l'occurrence, une faible estime de soi. De même que Marc Cécillon souffrait d'une faille narcissique, évoquée par les experts psychologue et psychiatres dans le dossier d'instruction puis devant les deux cours d'assises, Chantal souffrait de la sienne, cela semble une évidence, faille que son mari a comblée jusqu'à ce qu'elle décide de s'en émanciper. C'est la seule raison plausible qui, me semble-t-il, peut expliquer qu'elle soit restée si longtemps dans une relation à ce point toxique et destructrice – cette faille la plongeant, alors, dans des mécanismes inconscients qui lui ôtaient, ou affaiblissaient, toute clairvoyance, toute capacité d'analyse critique de sa propre situation, soit ne plus distinguer ce qui est bon pour soi de ce qui ne l'est pas. Il faudrait étudier l'enfance de Chantal pour identifier les racines de cette faille et, de là, déduire ce que Marc Cécillon a pu symboliser pour elle. Mais comme je manquais d'éléments sur son enfance à lui, je dispose de peu d'éléments sur son enfance à elle, l'anamnèse est vide de matériau concret. C'est du moins ce que je pensais jusqu'à ce qu'involontairement, sa mère, Marinette, me mette sur une piste.

À cinquante-neuf ans, Marinette a refait sa vie. Avant, m'a-t-elle confié, elle avait tenu trente-quatre ans avec le père de ses enfants – tenu, c'est son mot. Tenu, pour élever les enfants, assurer la vie de famille. À quel point cette ténacité, forcément en serrant les dents puisqu'il faut tenir, a-t-elle pu être perçue par Chantal et l'avoir marquée au point, qui sait, de l'intégrer comme une composante inéluctable de la vie de couple ? Puis, la réponse à une question apparemment sans rapport a fini, par une sorte d'effet domino, par éclairer cette dernière interrogation. Marinette était incapable de dire pourquoi Chantal avait interrompu ses études. Chantal ne le lui avait pas dit. Elle ne l'avait, semblait-il, jamais dit à personne d'ailleurs, Céline n'en savait rien non plus. Alors, curieuses, elles ont tour à tour interrogé Huguette lorsque l'une et l'autre lui ont demandé, par téléphone, si elle accepterait de répondre à mes questions. Et Huguette, elle, savait. Plus exactement, elle avait fini par savoir. Après des années, elles étaient adultes, Chantal lui avait confié la raison de son abandon lors d'un de leurs dîners en tête à tête. Huguette, en révélant cette raison à Marinette, l'a laissée sans voix : en 1977, Chantal avait quitté le pensionnat pour rentrer à Vénérieu, dans la maison familiale, afin de protéger sa mère, oui, elle, Marinette. La protéger de son mari coureur, de son mari buveur, de son mari violent, pour protéger sa mère, donc, de son propre père. Dans le halo de mes phares venait de surgir un secret de famille. On sait ce que les transmissions inconscientes transgénérationnelles peuvent occasionner de reproductions, j'ai donc incorporé ce nouvel élément à l'histoire.

Ainsi, en reproduisant le schéma familial, Chantal s'est d'emblée placée dans une situation de fragilité, fragilité accentuée par la nécessité d'exister dans le regard de l'autre. Et que dit le bourreau à sa victime ? Il lui dit qui elle est. Il lui dit, dans notre cas, je te choisis toi quand elle, justement, cherche à s'en faire aimer. Il y a donc Marc le beau mec, mâchoire carrée, épaules carrées, poings de fer et gueule d'acteur, Marc le beau mec et son charisme si puissant qu'il fait tourner les têtes des hommes et des femmes, Marc le beau mec, cœur d'artichaut dans sa carcasse de gladiateur, Marc et sa petite notoriété initiale qui ne va faire que grandir. Et, du haut de sa statue, le beau mec regarde Chantal – pourquoi elle ? Oui, pourquoi Chantal, si menue, sa 125 pétaradante et ses vestes en jean ? Il y en a d'autres, des filles, plein d'autres ici, à Saint-Savin, Vénérieu et tous les villages alentour. Mais non, c'est elle qu'il veut, elle si lumineuse, riante, pleine d'énergie, et il lui dit tu es l'élue et la voilà choisie. Comment résister ? Comment résister, des deux côtés, quand, chez elle, une injonction inconsciente la meut vers cet homme avec lequel elle pourra reproduire le schéma familial, quand, chez lui, le sixième sens qu'ont les bourreaux pour flairer les femmes sur lesquelles ils pourront exercer leur emprise le pousse à la séduire ?

Chantal, dit Marinette, confirme Huguette, était amoureuse. Oui, elle l'aimait son Marc, elle l'avait dans la peau. Prise dans les filets, la dépendance peut commencer. Se met alors en place un processus de destruction/réparation typique des schémas de violences conjugales, destruction, ici, au travers des coucheries, des beuveries et des absences que la victime, prise dans ses mécanismes inconscients, peut minimiser pour en atténuer la portée et les supporter, réparation possiblement par la position de femme d'un homme qui brillait déjà un peu et brille de plus en plus – cette hypothèse, qui n'est qu'une hypothèse, peut choquer, paraître, pour le coup, très sexiste, mais il s'agit, j'insiste, de mécanismes inconscients qui font perdre les défenses, en l'occurrence et pour faire simple, le besoin intérieur, ici, d'être aimé par une figure masculine et/ou une figure emblématique (pour remplacer la figure du père ?). Ainsi, Chantal, parce que sa faille narcissique l'a rendue vulnérable, peut entrer dans un processus intérieur de dévalorisation : elle n'est pas à la hauteur des attentes de son mari, s'il va voir ailleurs c'est qu'elle ne sait pas le combler. Elle peut endosser la responsabilité de la situation, ce qui arrive souvent, malheureusement, dans ces cas-là, la femme porte la culpabilité que le partenaire n'éprouve pas : je ne lui donne pas ce qu'il attend, je ne suis pas assez ci ou je suis trop ça. Elle le protège et protège sa famille, dont elle se sent (socialement) responsable, dans ces situations, les femmes ont souvent intégré ce rôle, Chantal a peur de rendre tout le monde malheureux si elle s'en va – d'ailleurs, elle prend enfin la décision de partir quand ses filles ont quitté la maison, et encore, on l'a dit, pour elles, elle refuse de partir loin. Elle trouve des excuses à son mari, il a ses besoins, ses démons, une cause extérieure qui le dédouane en partie, l'alcool dans notre cas, c'est encore mieux. Et puis il y a ce à quoi elle fait face et qui l'use, le climat d'insécurité instauré par la répétition des écarts et l'humiliation inhérente, insécurité accentuée par le silence. Son silence à lui. Ses agissements le suggèrent, il semble lui reprocher quelque chose, mais quoi ? En ne nommant pas le problème, il la maintient dans l'incertitude, donc sous sa coupe.

Il y a aussi le silence des autres. Si personne ne dit rien, peut-être est-ce elle qui déraille ? Si même dans son entourage, certains de ses proches lui disent d'y retourner, chez elle, là où son mari la maltraite, parce que c'est son mari et parce qu'il risque d'être furax si elle est absente quand il rentre, si, en réalité parce que c'est ce dont il s'agit, tout le monde le craint, ce colosse, comment pourrait-elle ne pas en avoir peur ?

S'ajoute ce qu'on nomme l'impuissance apprise, la victime comme anesthésiée, rien ne change, rien ne changera jamais, et ce qu'elle produit de soumission supplémentaire. Il y a, pour finir, la jalousie, la paranoïa de l'homme, le danger induit, la violence physique qui peut prendre le pas sur la violence psychologique lorsque la femme entre en résistance, ce qui se produira quand Chantal s'émancipera – le meurtre devenant alors l'acte de domination extrême.

« Bien sûr, écrit Marie-France Hirigoyen dans *Femmes sous emprise, les ressorts de la violence dans le couple*[1], la prise d'alcool ou de drogue peut jouer un rôle en levant les inhibitions et en libérant les pulsions agressives, mais il s'agit, au départ, de l'affirmation de sa propre toute-puissance qui ne peut s'imposer qu'au prix de la négation de l'autre et de sa valeur. »

Dans ces circonstances, on peut, sans peine, imaginer que Chantal ait longtemps cru les promesses dites, car son homme a dû en faire. Qu'elle ait cru aux promesses d'avenir qu'elle fantasmait en voyant son Marc sobre et sage, lors des étés sans rugby ou des périodes sous traitement médicamenteux que Céline évoque dans le chapitre suivant. On peut imaginer qu'elle endurait les

1. *Op. cit.*, Oh ! Éditions, 2005.

mauvais coups, les oubliait vite ou, tout simplement, ne les voyait pas vraiment pour se protéger dans une soumission au moins apparente, et surtout qu'elle endurait tout cela parce qu'au fond, donc, il l'avait choisie et cela surpassait tout, elle voulait croire, toujours, à une amélioration – car croire à une amélioration, c'était aussi justifier qu'elle se trouve (encore) là.

J'imagine le chemin parcouru pour – enfin – se décider à sortir de ces sables mouvants. Les étapes, pas à pas, dans son esprit et dans les faits, les déclics, les renoncements, les nouveaux espoirs puis le torpillage de ces espoirs, la lassitude, les blessures et, pour finir, la construction d'un plan, le bac pro, le nouveau boulot et bientôt le divorce, itinéraire interminable, pour ne pas dire chemin de croix, d'une vingtaine d'années. J'imagine l'arrachement épuisant, difficile, périlleux à cette condition dictée inconsciemment par cette saloperie de faille narcissique née dans l'enfance – était-il le fruit, cet arrachement, de prises de conscience ou seulement de l'accumulation de souffrances qui avaient fini par l'emporter sur les « bienfaits » de l'alimentation de la faille ?

Elle avait décidé de devenir une femme libre, Chantal. Libre de son mari, libre de ses maux à elle. Et elle accomplissait cela *seule*. Oui, elle avait trouvé seule les ressources de quitter l'ombre et de s'approprier sa vie et tout cela, c'était admirable, c'était l'action d'une personne qui n'abdique jamais, une prise d'autonomie totalement autodidacte à célébrer, l'expression d'une force de vie intarissable. Cela rend son meurtre d'autant plus abject, et cela se passe toujours de cette manière-là, quand la femme, enfin, décide de s'en aller, son bourreau la zigouille. L'abjection s'explique, on l'a déjà esquissé. On peut ajouter l'hypothèse suivante, qui cadre avec l'emprise : s'il laissait partir sa victime, au-delà de l'étayage qui s'effondrait, au-delà de la jalousie insoutenable qu'un autre puisse la posséder, le bourreau prenait le risque qu'elle parle, c'est-à-dire qu'elle révèle à la cantonade, et sur son territoire à lui, qui il était vraiment puisque, désormais, elle savait. L'illusion pouvait être brisée définitivement, c'était inconcevable. Alors le bourreau a préféré faire taire sa victime avant même qu'elle n'ouvre la bouche, on n'est jamais trop prudent. C'est lâche, dégueulasse, on dirait un chat jouant avec sa souris. Tout cela est affreusement triste. Sans espoir parce qu'il n'y a aucune récompense à l'audace, aucune récompense à la persévérance, juste un acharnement de l'existence et de son bras armé. Il faut alors prendre beaucoup, beaucoup de hauteur et de distance pour parvenir à se dire que Chantal avait probablement à vivre cette vie-là. Et cette fin.

Les bons souvenirs

Il reste toujours des bons souvenirs, « oui il en reste, bien sûr », confirme Céline (la question précisait « avec votre père »). Mais on dirait que seule sa raison parle. Où ces souvenirs sont-ils enfouis ? Ses yeux les cherchent dans l'espace devant elle, le salon de la maison du Sablon et son haut plafond, les cloisons intérieures ouvertes et vitrées qui mènent au bureau puis à la cuisine, on dirait qu'ils se perdent, ses grands yeux, dans l'immensité de sa mémoire embrouillée. Elle cherche et rien ne vient. D'ailleurs elle dit, « il n'en reste pas tant que ça », et puis elle liste, rien de précis, « des repas de famille, on partait en vacances. Mais bon, il y avait toujours ce rugby ». Et c'est à cet instant que les larmes coulent pour la première fois devant moi. Ce sont les premières larmes de notre premier entretien, mon dictaphone tourne depuis seize minutes. « Non mais c'est vrai », ajoute-t-elle, comme pour se justifier de pleurer. Puis elle s'excuse. J'acquiesce, muet. S'étire alors un court silence qu'elle finit par rompre pour dire : « Enfin bon, il nous a bien foutu notre vie en l'air. »

Ces larmes comme celles qui suivront me touchent mais ce qui m'intéresse se situe ailleurs. C'est le déclencheur. Le quart d'heure qui précède ma question sur les souvenirs est une discussion plus qu'un entretien dirigé. On a parlé des deux procès, de l'alcoolisme de son père et de sa dégringolade après l'équipe de France et surtout après Bourgoin, des gens qui ont couvert les frasques, des histoires de patrimoine, comme si on avait brossé le sujet de manière large ; tout est imbriqué de toute façon. Céline a déjà remué de nombreux souvenirs et il se trouve que ce ne sont pas des bons mais je ne crois pas que cela influence la suite. L'émotion qui la fait pleurer, c'est le barrage. Formuler – donc prendre plus conscience encore ? – que le rugby a fait barrage à une vie de famille normale. Et ce rugby, c'était l'univers du père, son identité, son espace de réalisation, son espace de liberté, l'espace qu'il a préféré à sa famille, l'espace où il a cultivé ce qui a fini par détruire les siens. Ces larmes disent, j'aurais voulu un père. Elles disent, j'aurais voulu une famille. Elles disent à Marc Cécillon, tu ne nous as pas choisies, nous, tes filles et notre mère. Elles sont les larmes d'une enfant blessée, à qui son père, à qui un père, a dû beaucoup manquer, une enfant qui, depuis le 8 août 2004, ne peut que le haïr parce qu'il n'avait pas beaucoup donné et a fini, sauvagement, par tout anéantir. L'enfant, probablement, ne se remettra jamais de n'avoir pas reçu l'amour paternel dont elle avait besoin.

Il nous faut un long moment pour revenir aux bons souvenirs. Je ne cherche pas à faire craquer Céline, juste à creuser la complexité affective de sa situation. On en reparle donc un peu le jour même, et surtout le lendemain. J'évoque un témoignage reçu un an auparavant. Marc Cécillon, me racontait-on alors, était sage en période estivale, le rugby entre parenthèses. Un ascète, travaillant dans sa maison, doué de ses mains, en plus, qui bâtissait. Il arrivait à la reprise de l'entraînement, fin août, affûté comme un Opinel sorti d'usine. Chantal le voulait tout le temps comme ça, son Marc. Là, à côté d'elle(s). Abstinent. Aimant ? Elle se disait, Chantal, qu'après le rugby, ce serait enfin le bonheur. « Ouais, fait Céline, pas convaincue. Il a eu de bonnes périodes, c'est vrai, quand il prenait ses cachets. Quand il était sobre. Il tenait quelques mois, et ça repartait. » Marc Cécillon a d'ailleurs reconnu devant le juge au moins une tentative de traitement, en 2003, entreprise sur les conseils de sa belle-mère.

À la place de ces étés idéalisés, ce qui revient à Céline, ce sont donc les cachets pour lutter contre l'alcoolisme. Ce sont, dès l'enfance, les réveils autonomes et les fins de journée autonomes elles aussi, avec sa sœur, quand la mère était au magasin et le père on ne sait où, a priori au rugby, oui, au rugby, entraînement, entraînement, match, entraînement, bringue, etc. « On préparait les repas, raconte-t-elle, dîner, petit déjeuner, on faisait le ménage, on se réveillait toutes seules. » Lui revient ensuite, pas désagréable, l'attente du retour de son père des tournées d'été, à l'autre bout de la planète, Argentine, Nouvelle-Zélande, États-Unis, Afrique du Sud, pour recevoir des Barbies du monde entier avec leurs têtes et leurs corps différents d'un continent à l'autre, l'attente à l'aéroport de Lyon-Satolas (aujourd'hui Saint-Exupéry) avec ses parents à lui, à voir les avions atterrir juste sous son nez. Son père lui manquait-il, pendant ces périodes ?

Elle l'avait toujours connu absent. Elle était, dit-elle, formatée.

Et malgré d'autres souvenirs, ceux, pêle-mêle, plutôt heureux du petit cabanon à Vénérieu, parents complices, beuveries encore occasionnelles, la petite piscine, la chouette cabane dans les arbres construite par le père, qui faisait conduire la Méhari orange à la sœur, Angélique, sur ses genoux, c'était les années 1980, malgré les souvenirs des Noëls au Sablon, une vingtaine de personnes entassées dans la cuisine de l'époque, qui paraît minuscule aujourd'hui, et les repas gargantuesques, malgré, aussi, les fous rires quand Angélique les avait poussées Céline et elle au-delà de la ligne à ne pas franchir et qu'elles prenaient, du père, des coups de pied aux fesses, Céline lâche, « moins on le voyait, mieux on se portait ». Et ce qui ressort alors, puissamment, c'est l'absence. L'absence du père, physique tout autant que symbolique. Cette absence, comme s'il avait eu un nid mais ne s'y était jamais installé parce qu'aimanté par autre chose.

Une image me vient, tirée du reportage diffusé par France 3 Alpes le 10 octobre 1992, alors que Marc Cécillon est, depuis le mois de mai de cette année-là, le capitaine du quinze de France. La chaîne de télévision régionale vient au Sablon faire le portrait de l'icône locale le jour de l'anniversaire de sa fille cadette, Céline, qui fête ses dix ans ce samedi-là – « un moment privilégié pour ce colosse sentimental », nous apprend la voix off. On la voit, Céline, traverser la cour de la maison avec son gâteau, monter les marches qui mènent à la piscine, suivie par ses amis, puis on voit son père allumer les bougies. On la voit ensuite couper son gâteau sous le regard de sa grand-mère Solange, celle qui lui demandera, seize ans plus tard sur les marches du tribunal de Nîmes, si elle est contente de ce qu'elle a fait. On ne voit pas Chantal, qui devait tenir le magasin. On entend alors la voix du journaliste affirmer plus que demander : « On s'intéresse à la famille un peu plus, après ?

— Je pense, oui, déjà... répond Cécillon qui apparaît à l'écran, assis, la piscine, le grand mûrier, des poules et des oies en arrière-plan, visage de Paul Newman châtain et bronzé surmontant une imposante chaîne en or sur un tee-shirt blanc frappé d'un énorme logo Adidas. C'est vrai que le niveau international, ça prend beaucoup de temps. En juin, on part en tournée, un mois. Plus après tous les stages qu'il y a dans l'année. C'est vrai que c'est *(la famille ?)* important. »

La réponse à peine finie, Cécillon détourne le regard. Le journaliste le relance alors par une boutade sur les oies qui font un boucan du diable derrière, et Cécillon revient à lui, en riant. En visionnant à nouveau ce reportage, j'ai noté que Cécillon répond aux questions le regard planté dans celui de son interlocuteur, sauf à l'instant d'affirmer que la famille c'est important. Est-ce un hasard ?

Presque trente ans après ce regard insaisissable, il ne reste que des ruines. Et sur ces ruines, un nom, un nom maudit. Il reste une pierre tombale et, sur cette pierre tombale, juste un prénom. Marc Cécillon a tué Chantal. Il a pulvérisé sa famille et, pour finir la besogne, a remis de l'huile sur les décombres, en 2014, en traînant ses filles au tribunal pour le partage du patrimoine familial. Son père, Louis, est mort d'affliction – ce que tout le monde dit – en décembre 2005, arrêt cardiaque alors qu'il ficelait un colis pour son fils en prison, seize mois après la disparition de Chantal dont il ne se remettait pas. Louis, l'homme d'ordinaire si réservé, qui, dans une dernière accolade, s'était couché sur le cercueil de Chantal, à l'église. Non, près de trente ans après ce regard insaisissable, il n'y a plus de liens, que des cellules diffractées. Quelques êtres qui se tiennent encore par la main. Marinette, Céline, Angélique, Huguette, une poignée d'autres. Les deux orphelines ensemble malgré des positions longtemps opposées. Elles auraient pu, ces sœurs, s'entre-déchirer.

J'ai compris, je crois, enfin, la posture d'Angélique. Je lui avais écrit, en février 2018, qu'elle avait beaucoup à m'apprendre, son déchirement entre sa mère et son père me laissait sans voix, et c'était vrai, je ne me l'expliquais pas. Affirmer (et croire, vraiment ?) que son père n'avait pas voulu tuer sa mère, ai-je fini par me dire, c'était probablement choisir la version la moins douloureuse, se construire une vérité acceptable, audible quand l'autre, la plus crue et la plus plausible – accepter que son père soit un meurtrier et le meurtrier de sa mère –, était trop destructrice. Chacun se défend comme il peut. Céline, en ai-je alors conclu, qui a fait face sans jamais détourner le regard et ce dès le départ, possède une force exceptionnelle. Elle est… défaut de l'écrivain, je cherche une métaphore. Je n'en trouve pas, tant mieux. En revanche, je la vois. Je la comparais, en début de livre, à une coquille d'œuf cabossée, fendillée. Peut-être, oui. Mais derrière cette coquille, je vois un arbre, un arbre fin et indestructible. Un arbre orphelin mais un arbre enraciné, un arbre qui a donné la vie et lance une lignée, ouvre une nouvelle histoire.

Que la mémoire soit

Céline aura bientôt l'âge qu'avait Chantal en 2004. Elle est devenue mère. Ce qui aurait pu les rapprocher a, sur le moment, intensifié l'absence. Peu de mots viennent se poser sur les émotions de l'époque, des larmes roulent, de drôles de paroles s'échappent, la bizarrerie de se voir enceinte, puis la famille qui n'en sera plus jamais une, les chaînons manquants et ce qui n'a jamais existé, les liens qui vous tiennent quand on pose un genou à terre, les liens censés alimenter la joie, la banalité du bonheur auquel on n'a pas eu droit – « mais il y a pire », se reprend-elle en séchant ses larmes. « C'est vrai, insiste-t-elle, des gens ne connaissent jamais leurs parents. » Elle, vit donc avec l'absence, sans pour autant penser à sa mère tous les jours. Aucune photo de Chantal, d'ailleurs, n'est exposée dans sa maison. Pour ne pas encombrer le présent, me dis-je. N'est-ce pas la meilleure façon de rendre grâce à cette maman partie trop tôt, d'accepter de vivre sans elle et de trouver que la vie peut aussi, ainsi, être belle ?

Céline se remémore la fin de ses années 2000 – 2008, 2009, 2010 –, orpheline, célibataire, certes, mais avec sa ribambelle d'amies. Les Noëls entre copines, les jeudis soir entre copines, la coupette, toujours, en référence. Elle rit des bêtises de son oncle, Serge, le soir à l'hôtel, à Nîmes, lors du second procès, elle traque tous les instants de gaieté à sa portée, elle tire même des sourires à sa grand-mère quand celle-ci, à ma demande, remue ce passé qui fait mal. Chantal était proche de Marinette. Céline était proche de Chantal. Céline a toujours été proche de Marinette, souvenir parmi d'autres du lit partagé, au Sablon, quand la grand-mère entamait sa nouvelle vie, avant de trouver un appartement. Une lignée de femmes, ces trois-là. Le lien, ici, n'a pas été rompu. C'est leur victoire. Elles peuvent en être fières.

Marinette, elle, revoit la horde de photographes calés sur la route de Moras, celle qui monte à droite après la fourche, à la sortie de Vénérieu. À gauche, c'est la route de la Rivoire, qui mène au cimetière. Chaque dimanche matin, elle les revoit tous ces photographes contenus par les forces de police, lorsque le jour des funérailles, le jeudi 12 août 2004, la famille arrivait avec le corps ; les vautours comme les avait appelés Angélique. Là-haut, devant la tombe, entourée par la brise, par les chants d'oiseaux et par les collines, elle parle à sa fille et ça lui fait du bien. À sa manière, elle peuple l'absence. Sans se faire d'illusion, la vie ne lui en a pas laissé le choix. Elle cohabite avec cette amputation brutale. Devant cette tombe, alors, elle parle à Chantal, de tout et de rien, des fleurs qu'elle apporte, celles qui tiennent et celles qui, sous le soleil, grillent trop vite, elle lit les plaques qui reposent sur la pierre, tant de plaques qui la recouvrent, celle d'Aurélie en particulier, une autre de ses petites-filles, le texte, trouve-t-elle, est joli. Elle le relit à chaque visite.

Ce qui n'arrive qu'aux autres nous a frappés ce jour. Gaieté, bonheur, amitié n'ont plus le même sens. Pourquoi faut-il toujours revenir au passé pour que les souvenirs se conjuguent gaiement ? Est-il si loin le temps où nous allions ensemble partager le bonheur que la mort a brisé ?

Elles pourraient être banales, ces quelques lignes. Je les trouve, compte tenu des circonstances, empreintes d'une nostalgie amère.

À Cannes, après une année de douleur à en crever, une année noire, noire au point de ne plus voir ce que, de bon, la vie lui avait apporté, son mari, son fils, Huguette s'était remise à avancer. Le départ récent de sa mère lui a fait remonter toute la souffrance de la disparition définitive, la souffrance du deuil éprouvée à la mort de Chantal comme si, raconte-t-elle, elle n'était pas vraiment guérie. Mais, malgré la peine, elle se rendra en Isère. Une ou deux fois par an, elle se le promet, pour visiter sa sœur jumelle, à Vénérieu, et sa mère à Diémoz. Le reste du temps, elle vit avec ses photos – les photos, comme au premier jour. Chantal seule. Elle et Chantal, qui lèvent leurs coupes de champagne. Des sourires sur chaque cliché. Leur jeunesse, leurs anniversaires. Toutes les étapes, année après année, les beaux souvenirs tapissent le mur du placard, dans sa chambre, où sont rangés ses vêtements, ainsi, chaque matin, elle a sa Chantal, présente, souriante, solaire, vivante un peu. Elle ne rêve plus d'elle, mais, à sa manière, Chantal fait toujours partie de sa vie. Je sens tout de même, à la fin des phrases, à chaque pause, le poids de l'absence. « Son rire, insiste alors Huguette, pour moi, Chantal, c'était son rire, et les souvenirs de nos années lycée, les mercredis après-midi libres, les virées dans Vienne avec, toujours, une étape dans une pâtisserie, Chantal était gourmande, avec, toujours, les blagues, les coups pendables et les fous rires » ; avec qui, aujourd'hui, les partager ? C'est ça le plus dur. C'est pour ça qu'elle parle. Pour son rire, pour les souvenirs, pour qu'on n'oublie pas Chantal.

Le jardin de la deuxième chance

Et puis il y a la pièce rapportée de l'histoire, moi, l'auteur, qui me retrouve pour la troisième fois en moins d'un an et demi devant la tombe de Chantal. La grille du cimetière a été repeinte en gris, elle ne grince presque plus. Le soleil m'accompagne cette fois encore, un petit vent et, plus loin dans le hameau, les meuglements d'une vache. Il y a là, devant mes yeux, gravés en caractères dorés dans le marbre rose, le prénom Chantal, son année de naissance et l'année de son décès, et dans mon dos, les lieux de sa vie, la plaine, les collines, les Alpes – rien n'a bougé. Le corps de Chantal repose sous la pierre. Sous la terre, sous les prières, sous les souvenirs. Sous la pierre repose son corps, là, à quelques centimètres, ce corps que je n'ai jamais croisé, ce corps qui véhiculait une vie que je n'ai pu rencontrer autrement que par la parole des autres, grâce à quelques documents audiovisuels et par l'écriture. Quelque chose m'échappera sans doute toujours. Mais j'ai rencontré Chantal. Furtivement. J'en suis heureux, et peut-être suis-je parvenu à l'extirper de sa mort effroyable, à lui redonner, au moins le temps de cette lecture, un peu de sa vie, de son humanité, de son énergie, de sa foi en l'existence et en l'avenir et rendre cela public allégera un peu mon âme.

Par la résonance avec mon propre vécu, j'ai dû me glisser dans le texte, ici ou là ; là où l'emprise m'a rappelé les ascendants dont j'ai dû me défaire, là où la carapace de muscles et le sport viril ont masqué la vulnérabilité, là où cette carapace a fait tinter le souvenir douloureux de l'être aux dehors masculinisés que j'ai cherché, sur la défensive, à incarner, là où l'illusion autre que celle colportée par les journaux m'a renvoyé les mirages auxquels j'ai pu croire, là où la douleur de l'enfant qui s'est senti parfois mal aimé s'est réveillée. Peut-être me suis-je, ainsi, moi aussi repêché de ces eaux troubles, au moins un peu.

En chemin, j'ai rencontré Céline. J'ai rencontré Marinette, rencontré Huguette – parfois quelques heures suffisent pour qu'une rencontre ait lieu. Je suis fier de les connaître. Ému et grandi de leur confiance. Elles sont, Chantal, Céline, Marinette, une autre expression de la vie que la mienne, j'admire leur différence. J'admire leur force. J'admire l'amour indéfectible et la mémoire éternelle que porte Huguette à son amie de presque toujours. Puisse-t-il, désormais, souffler comme une brise tiède et rassurante autour de toutes ces femmes, un doux silence et des souvenirs principalement heureux, lorsque Céline, Marinette et Huguette regarderont en arrière, une forme, qui sait, de paix réparatrice. C'est ce que j'espère, là, devant la sépulture de Chantal, en ce lundi 23 septembre 2019, jour de l'équinoxe d'automne où, momentanément, la lumière et les ténèbres retrouvent l'équilibre. Qu'un peu de paix, de lumière et d'humanité se soient déposées sur les décombres et dans les cœurs. Que la tristesse se vive et puis s'épure. Que le deuil s'accomplisse. Que le silence et l'apaisement s'installent.

J'imagine alors une maisonnette au toit et aux murs écroulés dont les pierres éboulées sont maintenant recouvertes d'une mousse épaisse, verte, intensément verte, dominées par les frênes, les saules, les orties et le lierre, un figuier a pris racine dans l'un des coins ombragés et propage son parfum sucré, les roses trémières jettent mille couleurs, des lilas se perdent entre les noisetiers, c'est un jardin luxuriant, les abeilles butinent par centaines, des rouges-gorges chantent, un jardin sauvage et spontané, un jardin à la vie éclatante, un jardin de mémoire où les racines et les rhizomes recréent les liens violemment rompus, et ce jardin, par sa seule vitalité, absorbe la peine, donne le sourire, rouvre l'horizon, c'est le jardin de la deuxième chance, celui depuis lequel le futur, enfin, peut s'écrire.

Juin-novembre 2019,
mars-mai 2021, décembre 2022

Composition et mise en pages
Nord Compo à Villeneuve-d'Ascq

#lisez! engagé
www.lisez.com
Pour plus d'information :
Imprimé sur du papier issu de forêts gérées durablement.

Imprimé en France en avril 2023
par l'Imprimerie Maury S.A.S. à Millau (12)
pour le compte des Éditions Presses de la Cité
92, avenue de France, 75013 Paris

N° d'édition : C20549/02
N° d'impression : C23/72867L